Futbol, entre balones y valores

Futbol, entre balones y valores

De la moral con los pies a las patadas con la cabeza

Félix Fernández Christlieb

EDICIONES URANO
Argentina — Chile — Colombia — España
Estados Unidos — México — Uruguay — Venezuela

1ª edición: mayo 2014.

© 2014 by Félix Fernández Christlieb
© 2014 by EDICIONES URANO, S.A. Aribau, 142, pral.—08036, Barcelona
EDICIONES URANO MÉXICO, S.A. DE C.V.
Avenida de los Insurgentes Sur #1722, 3er piso, Col. Florida, C.P. 01030
Álvaro Obregón, México, D.F.

www.edicionesurano.com
www.edicionesuranomexico.com

ISBN: 978-607-9344-49-8

Fotocomposición: Marco Bautista

Impreso por: Metrocolor de México S.A. de C.V., Rafel Sesma H., No.17, Parque Industrial FINSA, C.P. 76246, El Marqués, Querétaro, Qro.

Impreso en México — Printed in México

Índice

Dedicatoria   9

Agradecimientos   11

Prólogo   13

Prefacio   17

¿Por qué los valores?   20

Presentación   39

Capítulo 1. Límites ideológicos y mercantiles del juego   55

Capítulo 2. Antivalores en el futbol mundial
(De cómo el fin y la victoria justifican los medios)   67

Capítulo 3. Valores y contravalores éticos en el futbol mexicano   85

Capítulo 4. Importancia del futbol en la enseñanza   109

Capítulo 5. Futbol, modelo para inculcar valores éticos   143

Capítulo 6. Valores según los consagrados   161

Capítulo 7. A manera de conclusión   211

Apéndice I. Protocolo contra el racismo   219

Apéndice II. Código de ética   223

Dedicatoria

A Carmelita... la perseverante más honesta; la respetuosa más comprometida... la de la disciplina generosa... la de la responsabilidad que sin dudar coopera... la tolerante siempre leal pero, afortunadamente, la menos equilibrada.

Agradecimientos

A Ralo, por heredarnos el valor de la salud a través del deporte.

A Pili por su paciencia, por su lealtad, por su respeto y por esos principios bien firmes.

A María, quien súbitamente escribió en su pizarrón:

> "El respeto y el amor se ganan...
> La honestidad se aprecia...
> La confianza se adquiere...
> La lealtad se devuelve."

A Belén, por demostrarnos el gran valor de las pequeñas cosas.

A Martín, por enseñarme a valorar la calidad del tiempo juntos y no la cantidad.

A Fátima, quien durante años me recordó la necesidad de realizar este trabajo, me recortó y guardó material valioso.

A Paloma, tan disciplinada como la tenacidad disfrazada de necedad.

A *Shine Entertainment* por la asesoría, la amistad y por poner cada cosa en su lugar y encontrar un lugar para cada cosa.

A Luis Blanco, impulsor y animador de este trabajo.

Al futbol por ser el más grande generador de valores, cada uno de ellos escondido detrás de una inolvidable lección que a los futbolistas nos acompaña el resto de nuestra vida.

Y a mi golpeado y manoseado Atlante, por permitirme desarrollar en definitiva la capacidad del placer sufriendo y del llorar gozando.

Prólogo

El futbol como voluntad y representación

Como miles de aficionados, conocí a Félix Fernández a la distancia, enmarcado en los tres postes de la portería. Lo vi honrar su nombre de pila, que alude a la elasticidad de los felinos, defender los colores de la selección, festejar los goles de su equipo con una singular voltereta y anotar el penalti decisivo con el que el Atlante regresó a primera división.

Uno de los juicios más severos que puede recibir un futbolista es el de un árbitro. Tuve la suerte de trabar amistad con Eduardo Brizio Carter porque su profesión alterna es la de veterinario. Llevaba con él a mi perro Marea, y entre vacuna y vacuna hablábamos de futbol. Brizio no escatimaba críticas a quienes la merecían. Al referirse a Félix, señaló que se trataba de un caballero de la cancha, de inmejorable educación.

A través de amigos comunes conocí otra virtud del número 12: Félix descansaba del futbol jugando futbol. Nunca dejó que el profesionalismo le arrebatara la pasión. Asistía a la liga del Ajusco y se exponía a que un desaforado amateur lo fracturara. Ciertos futbolistas dejan de divertirse con el primer salario y sólo piensan en ganar más o anunciar talco para pies. En los inclinados terrenos del Ajusco, Félix jugaba por gusto y disfrutaba de lo que, en su opinión, se pierde con el profesionalismo: "el tercer tiempo" en el que los amigos comparten cervezas y discuten del partido.

Su acercamiento a la literatura nos convirtió en cómplices instantáneos. Hemos conversado sobre los mitos del futbol (en el Atlante y la selección, él compartió puesto con un viviente: Jorge Campos), hemos compartido una cena inolvidable con Ángel Cappa y momentos de euforia en el Mundial de Alemania 2006.

Cuando colgó sus guantes blancos, Félix se concentró en el periodismo al que ya se dedicaba en los ratos muertos de las concentraciones (recuerdo las ordenadas carpetas en las que reunía sus artículos y que deben haber sorprendido a los compañeros que mataban el tiempo con la PlayStation).

Ya en el retiro, decidió mejorar las condiciones de su profesión. A diferencia de lo que ocurre en países muy parecidos al nuestro (Chile, Colombia o Argentina), México carece de un sindicato o una organización gremial que proteja al futbolista. Félix Fernández trabajó en la Federación Mexicana de Futbol, tratando de llenar ese rezago. Las reflexiones de este libro le deben mucho a su defensa de los derechos del jugador.

Por lo que llevo escrito queda claro que estamos ante un profesional que no ha perdido el fervor del aficionado, un comentarista que analiza el deporte desde muy distintos ángulos y una persona intachable. Se trata de un candidato ideal para hablar de valores. Pero hay algo más: el ex portero escribe bien.

Del mismo modo en que las mejores novelas policiacas no son obra de detectives o asesinos, los mejores libros de futbol no son obra de futbolistas. La razón es simple: jugar y escribir son oficios diferentes. Rara vez alguien domina ambos. Félix pertenece a la selecta minoría de quienes han triunfado en la página y en el césped. En nuestro idioma, ésa ha sido una especialidad casi exclusivamente argentina, según muestran los casos de Ángel Cappa, Jorge Raúl Solari, César Luis Menotti, Roberto Perfumo o Jorge Valdano.

En México no han faltado futbolistas dotados de elocuencia (este libro recoge una brillante reflexión de Miguel Mejía Barón sobre la importancia de jugar sin trampa); sin embargo, la bibliografía surgida de los vestidores nacionales aún está por escribirse.

El gran pionero en ese campo es Félix Fernández. Si en *Guantes blancos* recuperó el rico anecdotario que le dejó la vida de área chica, ahora emprende un viaje más profundo para ocuparse de los valores que debe transmitir el futbol.

Los guardametas se distinguen de sus compañeros no sólo porque se visten de otro modo y son los únicos que pueden usar las manos, sino porque tienen más tiempo para pensar. No es casual que escritores como Vladimir Nabokov y Albert Camus hayan jugado de porteros, la más intelectual de las posiciones.

Futbol, entre balones y valores aborda el deporte como una actividad física, pero también mental, que entraña responsabilidades definidas. Estamos ante un libro comprometido, que no duda en tomar partido.

Entrenadores de alto rango como Carlos Alberto Parreira, Fabio Capello, Oswaldo Zubeldía o José Mourinho, han tenido una sola meta en el banquillo: ganar como sea. Félix Fernández pertenece a otra corriente de pensamiento, la de quienes asocian la ética con la estética y consideran que el arte puede ser eficaz. Su concepción se acerca a la de Rinus Michels, Johan Cruyff, César Luis Menotti, Pep Guardiola, Jupp Heynckes, Marcelo Bielsa y otros defensores de la creatividad como instrumento del triunfo.

Un misántropo alemán concibió una sugerente teoría para relacionarse con la realidad. De acuerdo con Arthur Schopenhauer, el mundo es voluntad y representación. ¿De qué modo debemos comprenderlo para actuar en él? Félix Fernández lleva la pregunta a la cancha de futbol.

"La corrección es una necesidad", dice Cruyff en estas páginas. El jugador no debe ser íntegro por pose, para quedar bien o por compromiso con alguna ONG, sino porque ahí cumple mejor su tarea. Esta convicción anima a Félix Fernández.

Todo libro cargado de reflexiones permite discrepar de algunas ideas. ¡Qué aburrido sería el futbol si estuviéramos de acuerdo en todo! En su búsqueda de partidos más justos, Félix propone el uso de tecnología para ayudar al árbitro. Ciertamente eso haría el juego más objetivo. En mi opinión, también lo haría más tedioso y menos significativo. Como la vida, el futbol nos somete a recompensas e injusticias accidentales. A veces el árbitro se equivoca a nuestro favor, a veces en contra. Es un imponderable equivalente a sacarse la lotería sin méritos morales de por medio o a padecer un cálculo de riñón sin haber pecado. La posibilidad de que intervenga el error humano distingue al futbol de otros deportes y lo vuelve más apasionante. Aceptar que el equívoco es posible y sobrellevar esa adversidad representa una tarea ética.

Señalo este leve desacuerdo porque otorga mayor relieve a las numerosas coincidencias. Uno de los méritos de *Futbol, entre balones y valores* es que invita a pensar por cuenta propia. No estamos ante una muestra de pensamiento único, similar a las tiránicas órdenes de Louis Van Gaal, sino ante una hospitalaria discusión de ideas.

Félix Fernández escribe de futbol con la cercanía de quien ha arriesgado el físico ante los botines enemigos y la inteligencia de quien entiende el área como un insólito espacio de reflexión.

No ha dejado de ser el número 1. (O más bien el número 12*).

Juan Villoro

---

* Tras la despedida de Félix Fernández en enero de 2003, Atlante retiró el número 12.

Prefacio

¡¡Es que ya no existen valores!!

Con mucha frecuencia oímos esta exclamación/queja ante acontecimientos que narran los periódicos o sucesos que ocurren a nuestro alrededor.

Antes de declarar que se han extinguido los valores, recordemos qué se dice acerca de lo que es un valor y al mismo tiempo tener presente que nos podemos perder en un océano de palabras porque hay valores cívicos, estéticos, políticos, nacionales, artísticos, deportivos, económicos, históricos, religiosos y familiares, entre otros. Tendremos estos últimos como música de fondo prioritaria para abordar el tema.

En el Diccionario de Filosofía de Nicola Abbagnano se encuentra que: *"Valor es todo objeto de nuestra preferencia"* pero desde la antigüedad se usaba la palabra para indicar la utilidad o el precio de los bienes materiales y la dignidad o el mérito de las personas. Un valor también es una guía, una norma que nos lleva a eliminar o declarar irracionales o dañinas unas elecciones y privilegiar otras.

Por otra parte, hay una gran discusión de si los valores son permanentes y universales. Uno puede pensar que hay ciertos valores que tienen vigencia en todos los términos y lugares, como el respeto a la persona, a su integridad física y psicológica, a sus pertenencias y que hay otros valores que se admiten como tales según la época y el lugar. Por ejemplo, aquellos que se relacionan con la estética y con la belleza, que han ido cambiando con el tiempo y con las distintas culturas.

Actualmente las formas de dirigirse o responder a los padres, ante una llamada de atención y que hoy se oyen naturales, hace unos años eran inadmisibles. Podría admitirse que hay valores permanentes y temporales, podemos afirmar que los valores como tales no han desaparecido, son las personas quienes por razones a veces inexplicables, prescinden de ellos.

Un valor es siempre algo libremente aceptado como tal, nunca impuesto y por el cual uno está dispuesto a sacrificar otras cosas. Por ejemplo, si adopto el valor "responsabilidad", sacrificaré una diversión cuando tenga que entregar un trabajo.

¿Cómo y en qué momento se aceptan los valores?

Sin exageración alguna se puede decir que desde el día en que abrimos los ojos en este mundo, vamos registrando en el entorno familiar, más que palabras, actitudes que encierran un valor.

Todos los libros, los discursos, las recomendaciones, los consejos o represiones, no logran que aprendamos y practiquemos un valor sino hasta que vemos a alguien en la familia que lo vive. Es un aprendizaje por contagio, por el ejemplo.

La vida cotidiana en la familia ofrece múltiples ocasiones de adquirir y desarrollar los diversos valores que van a constituir nuestro bagaje, a construir una personalidad en la cual hay valores que inspiran nuestras acciones y modulan nuestras reacciones ante los acontecimientos.

En la familia la educación en valores es un trabajo de siembra, el resultado no es inmediato. Recuerdo que algunas indicaciones que me dio mi madre, las vine a poner en práctica cuando ella ya no estaba en este mundo.

De este trabajo de siembra, de ejemplo de valores, ninguno estamos exentos, cualquiera que sea nuestra profesión u ocupación, nuestra edad, nuestro estado de salud, las características de nuestra personalidad o los múltiples factores que constituyen nuestro ser.

¿Qué valores destaco en el autor de esta obra?

Difícil decirlo cuando el personaje en cuestión es nuestro hijo, aclaro que tengo la peculiaridad (¿o el defecto?) de ser "fan" de cada uno de mis diez hijos (uno de ellos nos manda buena vibra desde el cielo).

En el caso de Félix me produce la imagen de una persona con la mirada en movimiento ascendente que se proyecta lejos, muy lejos, con decisión y firmeza.

Recuerdo que de pequeño, siendo el menor de sus hermanos, seis hombres y tres mujeres, alguna vez me dijo: *Ya me cansé de tener tantos papás y mamás, todos me dicen qué hacer y qué no hacer*.

Pienso que su familia fue para él una escuela para la vida, la interacción con sus hermanos, un fogueo hacia el futuro. Se fueron cultivando valores que forman parte de su personalidad como son: el espíritu de servicio, la generosidad, la responsabilidad, la amistad… todos ellos condimentados por un sentido del humor que hace su trato muy agradable.

¡Qué bueno que tiene el apoyo de una familia!, donde Pili, su esposa, es parte crucial. Disfruta de tres hijos: María, Belén y Martín quienes, seguramente, estarán adquiriendo los valores que se viven en casa.

Félix, te agradezco la invitación a participar en esta obra en la que te deseo que logres el objetivo con que la concebiste y elaboraste.

Carmen Christlieb

¿Por qué los valores?

"Es una realidad de la vida que los hombres son competitivos y que los juegos o partidos más competitivos atraen a los hombres más competitivos. Por eso están ahí. ¡Para competir! Conocen perfectamente las reglas y los objetivos cuando salen a jugar. La meta es ganar limpia, honesta y decentemente, acorde con las reglas... pero ganar".

Vince Lombardi

Yo fui "cachirul". Sí, mi ingreso al futbol de alto rendimiento se dio por la puerta de la trampa y la deshonestidad. Tengo la impresión, después de pasados los años, que no era indispensable hacerlo, sin embargo en ese momento consideré que no tenía otra alternativa. El sistema en todo el futbol mexicano por esos años era globalizado, pero a pesar de ello, el delito siempre será personalizado.

Aquella mañana, en el Centro de Capacitación, tras una prueba satisfactoria, se me preguntó mi fecha de nacimiento... '11 de enero de 1967' –respondí–. 'Mmmmmm, ¡no, no!, a partir de ahora tú naciste en 1971', me dijo la persona... 'Pasa con 'Fulano' para que te indique lo que tienes que hacer', me informó.

Fui con 'Fulano', encargado de la logística cachirul, quien me giró instrucciones de lo que debía hacer para presentarme tras el fin de semana, con una acta de nacimiento cuatro años menor.

La historia es de risa: me canalizaron con un presidente municipal de un pequeño poblado del Estado de México, con quien me comuniqué. Me citó en su restaurante, a donde llegué con mis amigos. Tras beber por horas ese viernes, me dijo que el lunes tendría el acta de nacimiento solicitada.

En efecto, fui a recogerla esa mañana y recibí, de manos de su secretario, el acta de nacimiento en blanco, con número de folio, firmas y el sello oficial de la población mexiquense. Debía, contra reloj, regresar a la ciudad de México y presentarme en el Centro de Capacitación con el acta debidamente llena. En un escritorio público, a las afueras del metro Observatorio, fueron cubiertos los espacios de mi acta en máquina de escribir, con los datos de la original. Sin embargo, la chica cometió un error de dedo que invalidaba el acta como documento oficial.

Aun así llegué corriendo a la cita con el entrenamiento y entrega de actas de la Selección Sub 17. Un par de días más tarde iríamos, sin los padres, a expedir los pasaportes para probar que todavía éramos 'menores de edad'. Por lo tanto, era indispensable llevar un permiso notariado que, evidentemente, debían obtener nuestros padres y, para ello, debían estar de acuerdo.

Todavía hoy recuerdo perfectamente la angustia y reprobación de mis padres para tal solicitud. Mis súplicas procedieron y, contra toda su voluntad, obtuvieron la carta notarial para expedir mi pasaporte.

La angustia de mi madre no era para menos. Me cuenta Fátima, mi hermana, que en una ocasión, con ocho hijos en el mismo auto, regresaban del supermercado hambrientos y cansados, cuando Carmelita se percató que había recibido más cambio de la cajera. Reunió a todos los niños de nuevo y regresaron a devolver el dinero.

Como bola de nieve todo fue creciendo: en la oficina de pasaportes fue necesario sobornar a los funcionarios para pasar por alto el error en el acta de nacimiento falsa, así como fue necesario, un año más tarde, hacer los trámites de la cartilla del Servicio Militar Nacional. Por supuesto, con el pasaporte y acta apócrifos.

Sí, representé a México en ese Campeonato Mundial con límite de edad y, como muchos otros futbolistas mexicanos, mentí.

Mi bola de nieve no era la única que se formaba y crecía, la del futbol mexicano también, hasta que la trampa se descubrió y nuestro futbol fue suspendido de toda competencia por un periodo de dos años, con lo que se esfumó la posibilidad de asistir a la Copa del Mundo de Italia 1990.

Tras el castigo, que arrojó sólo cuatro futbolistas mexicanos como 'chivos expiatorios' y algunos directivos, la Federación Mexicana de Futbol determinó un año de amnistía para que todo futbolista profesional regularizara su documentación. Quiero pensar que yo fui el primero en realizar el trámite que terminó para siempre mi trampa y la angustia de mis padres. Ese día sentí un enorme alivio.

***

Apenas desempacados en una gira al extranjero con aquella selección juvenil, nos reunió el cuerpo técnico para informar horarios, detalles y algo muy específico: 'Jóvenes, aquí tenemos una regla: a quien 'cachen' (sorprendan) robando, se rasca con sus uñas y todos los demás nos desentendemos ¿está claro?' El anuncio vino tras el largo trayecto entre México e Inglaterra en el que, sin el menor recato, integrantes del cuerpo técnico y algunos jugadores, sustrajeron artículos de tiendas en el aeropuerto, en las escalas y ¡hasta de los carritos de servicio en los aviones!

Se hacía con tal descaro que, olvídese usted de la vergüenza, el contagio afectó a la mayoría y sólo unos pocos, muy pocos de la delegación, se abstuvieron de robar. Éramos una banda de rateritos sueltos en Europa, quienes presumíamos la cantidad y ya no la calidad de los atracos.

Un día me deslumbré con unos vistosísimos guantes de portero en una tienda de deportes de Londres. Se me antojaron tanto que busqué la forma de robarlos. Ya algunos de mis compañeros habían llegado al extremo de coger algo y salir corriendo de las tiendas. Yo escondí los guantes dentro de mis pants y abandoné la tienda sin ser descubierto. Los guantes eran tan bellos que no quise utilizarlos de inmediato, los guardé para una ocasión verdaderamente trascendente.

Ese día, al mostrar mi hurto a uno de mis compañeros de equipo, de procedencia humilde pero bien estructurada familia, me dijo: "¡Pero eso es robar!"… "Sí –le dije–, pero todos lo hacen"… "¿Y qué importa que todos lo hagan? Es robar y punto", me dijo sin el menor entusiasmo por mis guantes de portero. Su comentario, tan contundente como cierto, me provocó tal reflexión que no volví a robar nada y, simplemente, me dediqué a solapar compañeros. Juan Carlos Ortega se convertiría, más allá de futbolista profesional, en un intachable auxiliar, director técnico y directivo de selecciones nacionales. Incluso, en el 2013, dirigió a las Chivas de Guadalajara.

Un año después de aquella selección juvenil, ya en el primer equipo del Atlante, fui designado para jugar un partido de pretemporada en el estadio Cuauhtémoc contra el Puebla. Sería mi primer encuentro con el equipo estelar, inmejorable ocasión para estrenar los hermosísimos guantes robados...

Durante el calentamiento no logré atrapar un solo balón, cada tiro resbalaba de mis manos. Mis preciosos guantes robados no servían. Para mi mala fortuna, los utileros no llevaban mis guantes de entrenamiento, así que tuve que atajar aquel encuentro sin guantes, el rocío del pasto que mojaba el balón lo hacía todavía mucho más complicado.

***

Ingresar a un ambiente como el futbol de esa manera no es precisamente la mejor lección para potenciar los valores ni parece, de entrada, la invitación más adecuada a una profesión en la que por ejemplo, el respeto y la honestidad, tengan esperanza de ser localizadas. Sin embargo, debo dejar muy claro que esas prácticas no son comunes y, es el caso de la alteración de documentos en selecciones nacionales con límite de edad, solamente un mal recuerdo.

Años después, ya como director de la Comisión del Jugador, fui el encargado de representar jugadores de segunda o tercera división que, por invitación o presión de directivos, alteraron sus documentos. Estos jóvenes aceptaban cambiar su edad para jugar en el equipo "x", la temporada siguiente jugaban para el equipo "Y", sin embargo, tras enfrentarse "Y" contra "x", este último ingresaba una protesta por alineación indebida de un jugador de "Y". Se hacía la investigación y el jugador, que había alterado sus documentos con "x", pero ya prestaba sus servicios para "Y", era suspendido y enviado a la FMF para sancionarle. Ahí yo era el encargado de recibirle, informarle, escucharle y tratar, en la medida de lo posible, de protegerle para evitar su expulsión definitiva del futbol, tal como establecen los reglamentos.

Aquellas experiencias al inicio de mi carrera y, por supuesto, la educación y ejemplos recibidos en casa, me llevaron a reflexionar, pensar, escribir y desarrollar atracción por los valores que, dicho sea de paso, los fui descubriendo con mucho gusto a lo largo del resto de mi carrera en la cancha y que, afortunadamente (aunque Arturo Brizio lo niegue), es posible localizarlos en nuestro popular deporte que, cada vez más, se ha convertido en una escuela de valores y antivalores.

No se trata de tener un castigo para aprender una lección, ni de pensar temerosamente (y coloquialmente) que 'si me porto mal se me pudre el tamal'; el tema tiene que ver con la responsabilidad social que implica ser un futbolista ejemplar, no sólo en la técnica ni en la estética, sino en las actitudes y las acciones integrales que permiten a un jugador publicitado, quien por sí solo es privilegiado, inspirar obras y actitudes positivas en la gente. Una misión excluida del contrato, pero incluida en la máxima que todo futbolista debería, en algún momento comprender, una vez que le ha quedado claro que su profesión es parte de la educación: el futbol es para dar, no para recibir.

***

Durante el mes de febrero del 2014 apareció una nota imposible de ignorar desde el encabezado: "Manejó borracho, mató a cuatro y lo mandan al psicólogo por ser un niño rico sin límites". El adolescente estadounidense Ethan Couch (17) mató a cuatro personas, estaba totalmente alcoholizado en su automóvil. Sin embargo, el juez Jean Boyd tomó la decisión de enviar al joven a un centro de rehabilitación, porque "su vida en el seno de una familia rica fue tan fácil que no sabe de límites ni consecuencias". El mismo juez dictó diez años de prisión, en un centro de detención juvenil, a otro adolescente que mató a dos personas. La opinión pública en Estados Unidos mostró su indignación por el hecho de que ser un auténtico privilegiado sirva para esquivar la justicia. Es decir, resulta contradictorio que un niño que, supuestamente sufre trastornos por no haber recibido nunca castigos de sus padres, resulte favorecido y sin castigo por una acción que cualquier otro pagaría con una condena muy severa.

Este juez ha considerado que la terapia adecuada para que Couch tenga lecciones de responsabilidad, es dejarle sin castigo alguno.

La enseñanza en valores comienza, necesariamente, desde la casa. No hay de otra, sin una base adquirida en el seno familiar no es posible fortalecer y ampliar valores. ¡Imagínese al señor Couch pagando una fortuna a la defensa de su hijo para evitar la cárcel, bajo el argumento de que no fueron capaces de mostrarle a su hijito los límites!... Y, convencido de su propio argumento, que es lo peor. Con esa fórmula, no hay posibilidad de obtener un resultado alentador para el futuro de un adolescente que, tras haber matado a cuatro personas, seguirá sin conocer sus límites por la protección de los padres quienes, evidentemente, son tan o más responsables que el inconsciente Ethan.

La reflexión aquí es: la enseñanza en los valores no tiene nada que ver con las posibilidades económicas, es cuestión de principios, de convencimiento, de ejemplo y de congruencia entre lo que se dice y lo que se hace. La rehabilitación parece más indicada hacia los padres del chico que hacia el infractor mismo. En las familias, como en el futbol, no necesariamente quien viene de un estrato social más elevado posee más valores y los desarrolla.

Justicia retributiva

Desde siempre el ser humano ha tenido la necesidad de satisfacer su deseo de justicia, pero desde siempre ha tenido problemas para establecer el castigo que merece cada falta. Si la 'Ley del Talión' indicaba: 'ojo por ojo, diente por diente', como parte de la primera justicia retributiva, el Código de Hammurabi se volaba la barda: mutilación en proporción al daño. Al ladrón se le cortaba la mano... pero al hijo que golpeaba a su padre ¡se le cortaban las dos manos!

En el 2009 Martín Galván, figura principal de la Selección sub 17 mexicana, fue castigado con su exclusión de la Copa del Mundo de su categoría celebrada en Nigeria, debido a una falta disciplinaria que consistió en ingresar compañía femenina a la concentración durante una gira. La sanción pareció demasiado severa para una situación con cientos de antecedentes a todos niveles, sin embargo se determinó, al viejo estilo Hammurabi, cortarle de tajo, no las manos ni las piernas, pero sí la enorme ilusión de participar en su primer mundial.

Un año después, la controversia tuvo como epicentro a José de Jesús Corona, quien decidió 'defender a su familia', según dijo, de las garras calenturientas de un viejo conocido. El aparato mentiroso que le fabricaron a Chuy sus pésimos asesores convirtió una golpiza con bastantes posibilidades de arreglo, en un problema tan grande que tuvo consecuencias taliónicas y hammurábicas.

Los antiguos griegos, bastante avispados, entre tantos dioses y diosas, inventaron a Némesis para representar a la justicia retributiva, la venganza y la fortuna. Es decir, personificaba la compensación por un daño sufrido. Se aplicaba la sanción y, ante cualquier inconformidad, la culpable era Némesis y asunto arreglado.

No existe discrepancia respecto a la necesidad de sancionar una falta sin importar la actividad donde se cometa, pero la subjetividad llega al momento de establecer el castigo: mientras unos sostienen que el tamaño del castigo debe ser proporcional al daño causado, otros afirman que el castigo debe ir en proporción a la cantidad de ventaja obtenida por el criminal… ¡Póngase usted de acuerdo!

De cualquier modo, Martín Galván no debería sufrir tanto con la pérdida de su mundial juvenil a cambio de un rato de placer, ni Chuy Corona condenar a tan torpes estrategas de su defensa (luego de la golpiza que propinó y que, a la postre, le costó su segunda participación mundialista), si les dejamos saber que, en China, durante el 2010 ocho padres, quienes ayudaron a sus hijos a hacer trampa en un examen de admisión a la universidad, fueron enviados ¡entre seis meses y tres años a prisión!... para que se den idea de cómo se maneja la justicia retributiva donde la Federación Mexicana de Futbol no tiene alcance.

'Ojo por ojo, diente por diente' o mutilación en proporción al daño… quien sabe, lo cierto es que la justicia retributiva también debería alcanzar a las modernas Némesis del futbol quienes, desde siempre, han tenido problemas para establecer el castigo que cada quien merece.

***

El sábado 22 de marzo del 2014, hacia el final del partido Atlas vs Chivas de la jornada 12 en el Torneo Clausura mexicano, un muy numeroso grupo de seguidores de chivas prendió bengalas en la parte alta del Estadio Jalisco, minutos después optaron por aventarlas hacia la parte inferior, donde se encontraban las tribunas llenas. Los pocos elementos de la policía de inmediato subieron hasta esa parte y fueron recibidos a golpes. Se desató una violencia incontrolable en una zona con 2500 'barristas' para tan sólo 20 elementos de seguridad asignados. La vulnerabilidad en los estadios mexicanos quedó, como nunca antes, al descubierto cuando, impunemente, los policías fueron golpeados entre varios, despojados de sus escudos, macanas, cascos y dejados en el piso con impresionantes hemorragias. El saldo fueron menos de veinte aficionados con heridas leves y ocho policías heridos, dos de ellos de gravedad.

Al día siguiente las autoridades aceptaron que el incidente les rebasó, las críticas y reprobaciones hacia los agresores y autoridades no cesaron. En general nadie parecía estar complacido con las multas, sanciones, medidas parciales y vetos...

Tan solo cinco días después del clásico tapatío, la Cámara de Diputados aprobó las reformas a la Ley de Cultura Física y Deporte con admirable rapidez, tras los incidentes en el Estadio Jalisco. Las sanciones parecen adecuadas para frenar a una pequeña minoría que pretende secuestrar uno de los atractivos más significativos que aún tiene nuestro futbol y que se resalta desde otros países con gran admiración: la convivencia y la participación familiar.

El futbol es de protagonistas ganadores, de combatientes, de celebridades y de famosos; el futbol es de espíritu, de historias surgidas desde la desventaja, de hazañas, de heroísmo... todo aquel que observa el protagonismo de sus actores, siente la necesidad de abandonar el anonimato desde su plataforma, solo que, a diferencia de los actores del juego, quienes por lo general han seguido la ruta larga y sinuosa, estos personaje buscan el protagonismo mediante la vía más rápida y más sencilla posible. Los entornos del futbol están llenos de gente que por regla general no consigue sobresalir en ninguna faceta importante de su vida, por lo tanto sus aspiraciones se enfocan a obtener reconocimiento y 'éxito', aun a pesar de la intimidación y la ruptura de leyes. El desafío consiste en ser 'el más cabrón', así sin más.

Si el aficionado convencional busca los domingos, a través de su equipo, el triunfo que le niega la vida durante la semana, el 'barrista' busca, a través del escándalo, la transgresión, la masa, el poder irrelevante y el apoyo disfrazado, el triunfo ficticio que cree obtener aunque sea cubierto de sangre, a golpes o hasta dentro de una patrulla.

Complacer

Digamos que complacer es, en general, una acción poco complaciente y a menudo frustrante... Cabe recordar aquel concierto en La Habana que convocó a más de un millón de personas en la Plaza de la Revolución pero que generó gran polémica en muchas más... Cada vez que se da un cambio en alguno de los equipos más populares de México, tanto los medios de comunicación, como buena parte de su afición, cuestionan duramente... Cada vez que aparece una nueva convocatoria para integrar la Selección Nacional, sin importar el evento ni la fecha, aparece discordia por quienes han sido elegidos... Una cosa es segura: en todo intento por complacer, alguien o algo resulta afectado.

Complacer es, por definición, acceder a lo que otro desea y puede serle útil o agradable. El problema es que lo útil y agradable para unos, es lo inútil y desagradable para otros tácitamente. Al final del día resulta improcedente la búsqueda general de la complacencia y la gente termina por complacerse a sí misma si bien le va y, en ocasiones, ni eso.

Complacer a los hijos, cuando son más de uno y es necesario tomar decisiones para todos ellos en conjunto, se convierte en todo un reto con pocas probabilidades de ganar. En muchas ocasiones, satisfacer a uno significa no satisfacer al otro en ese momento, aunque la decisión sea bien fundamentada hacia su educación.

"*¡No juegue para la tribuna!*", se le indica en algún momento a los jugadores jóvenes que se inician dentro del futbol profesional, en un claro mensaje que se debe interpretar como: "*No busque complacer a la afición (para que ellos lo complazcan luego con adulaciones), porque seguramente usted no complacerá a sus compañeros de equipo ni a su técnico*".

Complacer es un verbo muy difícil de conjugar en la vida real con éxito en todas sus formas al mismo tiempo, más bien diría, imposible. Quizá el reto de complacer radica en generar la mayor alegría posible a los beneficiados, con el menor daño para quienes resulten afectados. Con eso deberíamos darnos por bien servidos.

14 de enero de 1996: visitar la cancha de la 'Bombonera' de Toluca siempre fue especialmente complicado, esa tarde no era la excepción. El marcador se encontraba 2–1 a favor de los 'Diablos' durante el segundo tiempo, cuando el chileno Fabián Estay lanzó un disparo desde fuera del área, muy potente. Me lancé, no llegué a tocar el balón y éste se impactó en el travesaño; mientras yo caía el balón botaba… ¿Dentro de la portería?... Sí, parecía que sí… ¿O no? El árbitro, José de Jesús Robles y su asistente Silverio Gómez se voltearon a ver, mientras yo me ponía de pie y tomaba el balón con un salto apenas sobre la línea del área chica. La duda sobre el lugar donde botó era enorme. Varios jugadores de Toluca presionaban al árbitro, mientras yo tenía el balón en mis manos. Crucé miradas con Estay, quien apenas una semana antes había llegado al futbol mexicano y quería celebrar su primera anotación, crucé miradas con Robles y, de inmediato, me invadió una sensación de justicia, muy fuerte, pero sin el 100% de seguridad: desde mi ángulo, mientras caía, me pareció ver que el balón botó más allá de la línea de gol, sin embargo no podía asegurarlo y, mucho menos, comprobarlo en ese momento. Fabián y yo nos veíamos a varios metros de distancia. Juro que sentí el impulso de entregarle el balón para que lo metiera, pero ese pequeño porcentaje de duda sobre si el balón había rebasado por completo la línea, más el apuro del árbitro Robles para despejar, me hicieron poner el balón lejos de mi área, pero no así la idea de que ese balón había ingresado en mi portería lejos de mi mente. Fabián y yo nos miramos un par de veces más durante el resto del encuentro, con una mirada que podría ser subtitulada de esta manera:

F.E.: "Habría sido un buen gesto de tu parte hacer lo que tenías pensado, y darme el balón para que lo metiera por segunda vez, ya que sabes que la primera sí fue gol".

Yo: "Te habría dado el balón para que lo metieras por segunda vez, pero no estaba completamente seguro que tu primer disparo fue gol, entiéndeme".

El partido terminó 2–2, lo primero que hice al llegar a mi casa fue observar el video y comprobar que aquel disparo de Fabián Estay, en efecto, había sido gol. Fabián y yo nos enfrentamos muchas veces más y, por supuesto, me anotó. Fuimos compañeros en el Atlante al momento de mi retiro y, curiosamente, no hablamos del tema, hasta que en una ocasión, ya siendo yo director de la Comisión del Jugador, Fabián me visitó por alguna consulta, que más bien me pareció un pretexto para hablar de aquella jugada, tantos años después aún abierta en nuestra mente. Para sorpresa de ambos y ya con el conocimiento del otro tras varios episodios, terminamos la jugada y comprobamos que, en efecto, aquella tarde de 1996 en Toluca, él estaba listo para recibir el balón de mis manos y yo, para entregárselo.

Quizá para algunos me habría puesto el frac aunque, seguramente, también me habría puesto la soga en el cuello a la mitad de mi carrera.

Temporada 1992-93, estadio Jalisco: en un partido de ida y vuelta vencíamos a las Chivas cuando, de pronto, en una jugada dentro de mi área, Nacho Vázquez hizo una recepción… ¿Con el pecho? ¿Con el brazo? ¿Con el pecho y el brazo a la vez?… y me fusiló. Gol. Yo juraba que Nacho cometió una infracción, por lo que fui corriendo hacia Arturo Brizio, alegué airadamente la mano y le pregunté: "¿Cómo sabes que no fue mano? ¡Desde ahí no la viste!" A lo que Don Arturo me respondió: "Porque le pregunté a Nacho y me dijo que fue con el pecho… solamente hay dos jugadores con quienes haría eso: él y tu".

Regresé absolutamente mudo a mi portería y con el tiempo comprobé que en realidad Nacho no le mentiría a Brizio.

Y es que el futbol no puede ser entendido sin el engaño, es la esencia de la picardía que contiene el juego: si miro hacia el mismo lado que voy a dar el pase (para no engañar al rival), el rival cortará el pase con extrema facilidad. Así de sencilla es la justificación para que exista el engaño en el futbol que, dicho sea de paso, desencadenó la terrible costumbre de buscar ese engaño para hacer el juego particular más sencillo a través del árbitro.

Por lo mismo, se dice que dentro de la cancha uno no debe confiar ni en su propia sombra.

Ensayo y engaño

"La televisión es ensayo y engaño", me dijo un veterano productor tras una sorpresiva acción que las cámaras no lograron seguir durante un show en vivo. ¿Pero acaso el futbol no es también ensayo y engaño? Sí, definitivamente, pero contrario a la televisión. En el futbol se entrena (ensaya) para engañar al rival, no al público.

Parte esencial de cualquier deporte, individual o de conjunto, es el engaño como virtud, no como trampa. ¿Qué sería del futbol sin el amague, sin la finta, sin la mirada hacia el lado opuesto, sin los movimientos tácticos y sin las formaciones engañosas de los tiros libres y de esquina?

Hasta el concepto de 'fair play' íbamos bien, pero el galimatías en que se han metido la Comisión Disciplinaria y la de Árbitros con la firma del Pacto de Respeto en el 2009, el Código de Ética en el 2012 y las suspensiones post partido a través del video, parece muy difícil de aclararse, simplemente porque, además de ser demasiado subjetivos, en buena medida atentan contra una de las características principales del juego: el engaño (no la trampa).

Es necesario resaltar que, a pesar de las suspensiones, multas y berrinches, esas jugadas seguirán existiendo porque un futbolista llega tan lejos en su profesión precisamente por su picardía, su habilidad y su inteligencia, en las que se encuentra implícito el engaño por naturaleza. En contra parte, se tendrían que establecer sanciones para quienes cometen faltas y no son señaladas, simplemente para equilibrar; pero de antemano sabemos que eso resulta imposible y, por lo tanto, nada parejo.

En el caso de agresiones muy evidentes, sería indispensable rastrear el origen de la provocación para establecer justicia, porque cada una de esas reacciones corresponde a una acción previa, ya sea verbal o física. Sólo que localizar el origen es tan complejo como localizar el inicio de un chisme. Si un jugador provoca, por lo general ha sido provocado y, al final de cuentas, ese 2+2 no resulta igual a 4 con las sanciones.

Parece muy difícil justificar y mucho menos entender aquellas enmiendas de la Comisión Disciplinaria mexicana que, increíblemente, penalizan sólo acciones fingidas que van al marcador. Lo cierto es que si el futbolista ha sido aleccionado toda su vida para engañar (no hacer trampa) y en cada entrenamiento lo practica, los dolores de cabeza para los involucrados en esta lucha improcedente no serán erradicados.

Pero existen los engaños lícitos dentro de la cancha, propios del juego, y existen los engaños ilícitos del futbol, propios de quienes pretenden sacar ventaja de las leyes y reglamentos o de quienes, incluso, van mucho más allá e ingresan al negocio del futbol a través de engaños que, tarde o temprano se descubren y afectan, por desgracia, a los jugadores. Principalmente, como ha sido el caso de 'Oceanografía', empresa intervenida y dueña de Gallos Blancos de Querétaro en la Liga MX y Delfines de Ciudad del Carmen en Ascenso MX, a principios del 2014.

Durante mi estancia en la Comisión del Jugador, en el 2004 y después de múltiples y desveladas reuniones de trabajo, se logró establecer en blanco y negro algo que la Federación Mexicana de Futbol se negaba a reconocer durante décadas: la libertad del jugador al término de su contrato, como cualquier otro trabajador. Aun siendo una disposición aceptada por la FIFA, en México se negaba el derecho a la libertad sin contrato, otorgando al último equipo los derechos del jugador por un año y medio después de su término. Poco tiempo después se comenzó a hablar del mal llamado 'Pacto de caballeros'…

Pacto ¿entre caballeros?

Así como para que exista daño moral tiene que existir, antes que nada, moral; de la misma forma, para que exista un pacto 'entre caballeros', es necesario que se encuentren caballeros involucrados.

En el 2004 ya se hablaba de un 'pacto entre caballeros' que, supuestamente, aparecería entre los dirigentes de los equipos mexicanos, una vez entrado en vigor el Reglamento Sobre el Estatuto y la Transferencia de Jugadores de FIFA dentro de nuestro país, mismo que eliminó, de una buena vez, las llamadas 'cartas de propiedad', para dejar como único vínculo entre club y jugador la existencia de un contrato.

En mi forma de entender, los caballeros pueden no tener memoria, pero tienen gran honorabilidad; no requieren establecer por escrito un acuerdo, pero son respetuosos del individuo y, sobre todo, potencian la verdad, el bien y la virtud. Es decir: no llevarían a cabo acciones en perjuicio de ningún individuo. Por lo anterior, cualquier acuerdo entre sujetos que pretendan coartar la libertad de un futbolista para contratarse con otro club al término de su contrato, ni en el más benévolo de los escenarios podría llamarse: 'pacto entre caballeros'.

En septiembre del 2005, la Asociación Colombiana de Futbolistas Profesionales denunció ante la Federación Internacional de Futbolistas Profesionales (órgano con amplio reconocimiento de la FIFA) la discriminación existente dentro del futbol de Colombia: *"...desde ya solicitamos que se tome el caso colombiano como ejemplo de violación flagrante de las disposiciones y principios que la FIFA ordena cumplir a las asociaciones que la conforman, en especial el de la lucha contra la discriminación, por cuanto, en Colombia, a pesar de que los jugadores no tengan contrato vigente con un club, por un PACTO entre los clubes, a los jugadores que queden sin contrato de trabajo se les impide trabajar y ejercer libremente su profesión en este país..."*, tomando como ejemplo declaraciones públicas de dos presidentes, quienes aceptan el 'pacto', respecto al caso de un jugador 'bloqueado'. Poco después ACOLFUTPRO[1] declaró la huelga.

---

[1] Asociación Colombiana de Futbolistas Profesionales.

Estamos hablando de un supuesto pacto entre empresarios que no son estrictamente delincuentes pero que, a lo largo del tiempo, han aceptado, en su favor, ventajas que el poder otorga. Dirigentes que no se empeñan demasiado en demostrar la transparencia, como minimizando ese principio básico de la credibilidad y la honestidad; aprovechando, de paso, que sus vigilantes son también sus colegas y que nadie podría probar ese supuesto 'pacto' que, de ser limpio, no debería tener objeciones para estar 'en blanco y negro'.

La pregunta sería: ¿qué pasará el día que alguno de ellos rompa el supuesto 'pacto'? –Porque no podemos soslayar que aun entre 'caballeros' existen diferentes intereses y grupos, ¿verdad?–. En fin, para algunos, la 'moral' es solamente un árbol que da moras, para otros, los caballeros se quedaron en la edad media. Para otros más, el comportamiento moral distingue la libertad de la omnipotencia y, por fortuna, para otros mínimos, los caballeros dan ejemplos éticos en actitudes interpersonales que buscan el bien común y no sólo el particular. Aclarado esto: ¿en verdad quieren seguir hablando de un 'pacto entre caballeros'?

Esta práctica no ha cesado y, por el contrario, dejó de manejarse 'en lo oscurito' conforme fueron pasando los años. En el 2009 un caso específico desató de nuevo el tema.

Junio del 2009: Omar Bravo padece hoy la forma legal, pero desconsiderada de su parte, al irse a Europa tras la finalización de su contrato con Chivas hace un año y, pese al interés de varios clubes por ficharle en México, el Deportivo La Coruña no ha logrado transferirle.

Pocos meses después de ignorar al club que le proyectó e impulsó durante 14 años, la situación se le ha revertido y, si por un lado no ha logrado su regreso a México, por otro, se ha hecho evidente la existencia de un arreglo entre los dueños de los equipos mexicanos para no firmar a ningún jugador sin la anuencia del último club con el que tuvo contrato.

Tan sólo una semana después de la firma del Pacto de Respeto a la Autoridad, donde se establece claramente en el punto 3: "Acatar los reglamentos de la FMF, de la FIFA y las reglas de juego", el presidente del Deportivo La Coruña, Augusto César Lendoiro, denunció la existencia del 'pacto de caballeros' (ya previamente aceptado por directivos como Efraín Flores), que viola directamente el 'Reglamento sobre el Estatuto y la Transferencia de Jugadores', en sus artículos 2 y 3. José Antonio García, Presidente del Atlante, dijo esa semana respecto a su interés por contratar a Bravo: *"No pasé por alto al Club Guadalajara, le pregunté al Sr. Pedro Sanz qué posibilidades habría de arreglo por Omar si llegaba a un acuerdo con el Deportivo y me dijo que sería alrededor de 2 millones de dólares…".* Es decir, de acuerdo al artículo 21 del reglamento arriba mencionado, que se refiere al 'Mecanismo de Solidaridad' (no confundir con los Derechos de Formación), El Deportivo tendría que vender a Omar en 40 millones de dólares para que Chivas recibiera esos 2 que menciona García, si acaso no hacen referencia a su 'pacto'.

La Federación Mexicana de Futbol niega la existencia de este mal llamado 'pacto de caballeros' y no tendría razón para aceptarlo, simplemente porque no se encuentra escrito en ningún reglamento: si usted paga una 'mordida' a un policía de tránsito, de seguro él no le dará ningún comprobante. Erróneamente se han entrevistado a funcionarios de la FMF respecto a este tema y, erróneamente, se les ha tachado hasta de 'cínicos'. El 'pacto' es entre dueños de equipos, no entre funcionarios de la FMF.

Lo trascendente sería que alguno de los interesados en contar con los servicios de Omar Bravo y que ha encontrado cierto bloqueo de Jorge Vergara, llegue a un arreglo con el señor Lendoiro y, con el Certificado de Transferencia Internacional en mano, acuda a registrar a Omar Bravo. Porque los caballeros respetan las garantías individuales, no pasan por encima de la ley y, si son patrones, acatan la Ley Federal del Trabajo en sus artículos 132 y 133, referentes a las obligaciones y prohibiciones hacia sus trabajadores.

Omar equivocó las formas en su momento y hoy le pasan la factura. Su caso hace evidente una protección entre patrones sin importar sus grandes discrepancias y deja de manifiesto que, a diferencia de lo que se creyó en el 2003, cuando entró en vigor el 'Reglamento Sobre el Estatuto y la Transferencia de Jugadores', éstos ganan con contratos vigentes y no liberándose de ellos.

***

¿Por qué los valores? Porque aquellos que se encuentran fuera de la cancha, pero dentro del futbol, tienen el desatino de potenciar mucho más los antivalores que los valores en el futbol y en los futbolistas. De esa manera y con la gran influencia que muchos de ellos tienen en la sociedad, no es difícil convencer a quienes se encuentran fuera de la cancha y fuera del futbol que, en efecto, el futbolista es más deshonesto que honesto, más irrespetuoso que respetuoso, indiferente y no comprometido; intolerante; desinteresado, individualista, poco tenaz, irresponsable, desleal, indisciplinado y desequilibrado.

Sin embargo y, afortunadamente, existe gente sumamente sensible que al ingresar en el futbol, para su sorpresa descubrió esa fuente de valores dentro de este deporte–espectáculo. Tal es el caso del exgobernador y precursor del futbol en Chiapas Pablo Salazar Mendiguchía, quien se enamoró del futbol una vez dentro. "*Así de rapidito y sin pensarlo, te diría que el futbol contiene valores morales y sociales tan importantes como la solidaridad, la convivencia familiar, la identidad colectiva y la superación personal*", me comentó sin titubear.

Aquellas malas primeras experiencias dentro del futbol de alto rendimiento y profesional que, en efecto, mostraban antivalores, no fueron una constante, más bien fueron la base para rescatar de manera más evidente lo que en realidad contiene la profesión y que difícilmente se destaca desde afuera.

Elegí once valores, once valores que podrían ser las once posiciones de un equipo de futbol, mismas que no se contraponen, que no son excluyentes y que, por el contrario, se complementan. Sí, once valores quizá como coincidencia por los once jugadores que forman una alineación, pero quizá porque son las once herramientas más representativas que puede desarrollar un futbolista en su paso por las canchas profesionales y que, sin duda, serán elementos necesarios para encarar ese gran porcentaje de la vida que tendrá por delante, una vez que el futbol termine y el futbolista se convierta en 'uno más'.

Sí, porque definitivamente el futbol es un buen productor de guías de conducta, referentes que orientan al comportamiento humano hacia la transformación social y la realización de la persona, que bien podría ser la definición de los valores. Y, tras leer este libro, usted no podrá negar, que el futbol genera HONESTIDAD a partir de la autocrítica, RESPETO para sobrevivir en la convivencia diaria, COMPROMISO en cada jugada, TOLERANCIA en cada error, COOPERACIÓN para que el grupo destaque y de esa manera destacar uno mismo; GENEROSIDAD siempre sobre la individualidad; PERSEVERANCIA para cumplir metas en una actividad tan competitiva y con mucho mayor demanda que oferta; LEALTAD hacia el equipo, la historia, el escudo, el cuerpo técnico, la afición y los compañeros… Sin lealtad no hay agradecimiento. DISCIPLINA en lo visible y lo invisible, en las formas y en el fondo… RESPONSABILIDAD en la realización de las asignaciones y EQUILIBRIO en la celebración y los tropiezos porque, a final de cuentas, un futbolista es amado y odiado por tan poco, que no vale la pena tomárselo muy en serio.

Porque, a final de cuentas, lo que permanece en nosotros y será nuestra tarjeta de presentación una vez alejados de la plenitud de las canchas, son los valores.

Presentación

"El futbol no es cosa de vida o muerte, es algo mucho más serio".

Bill Shankly

El futbol debería ser un deporte de noblezas. Y el premio, una victoria cristalina, sin embargo, sólo en escasas ocasiones así sucede.

Actualmente, el futbol profesional es una significativa fuente de empleo en el mundo y por su entorno, circulan cantidades estratosféricas de dinero. A la par de la pasión que despierta, caudales de riqueza son atesorados por los empresarios y organismos que controlan el deporte más popular del planeta. Desde luego, es una prolífera semilla de millonarias divisas para los medios de comunicación, razón por la cual en sinnúmero de países, como en el caso de México, propietarios de las principales televisoras lo son también de equipos.

Deporte–espectáculo pero también industria–espectáculo. El sudor en las canchas corre a la par del dinero en las arcas de las federaciones y de los empresarios que poseen equipos de futbol profesional. La pasión en los estadios no sólo es la válvula a través de la cual los aficionados canalizan sus deseos y frustraciones, desahogan sus fracasos y mitifican sus éxitos. La pasión de los aficionados es, además, el impulso vital de los intereses comerciales.

Como ocurre en tantos negocios en donde están en juego multimillonarias ganancias, en ocasiones se hace caso omiso de los valores éticos que deberían ser intrínsecos al deporte, y se incurre en la estafa, es decir, en el "arreglo" fraudulento de partidos. Así lo constata el monumental escándalo desatado en Europa por la compra de partidos que involucra a directivos, jugadores, árbitros y directores técnicos. Pero no sólo en ese continente, también en Latinoamérica.

Aunque no únicamente en el futbol hay escándalos: todavía se recuerda el "arreglo" de una Serie Mundial de Beisbol en Estados Unidos, en las postrimerías de los años veinte del siglo pasado entre los Chicago White Sox y los Cincinnati Reds. Y en ese mismo país, sospechas de resultados fraudulentos en el futbol americano profesional. Y, por supuesto, las recurrentes y por siempre conocidas componendas en el boxeo internacional, desde la sospechosa caída de Sonny Liston en el primer asalto ante Cassius Clay en 1964, hasta cualquier cantidad de fallos a todas luces tendenciosas en peleas contemporáneas, principalmente de pago por evento.

Pero no todos son malos manejos en el futbol, sin soslayar su gravedad, por lo menos puede afirmarse que tales casos, si no son excepcionales, hasta donde se sabe no son cotidianos. La exaltación de los aficionados a este deporte también corresponde al esfuerzo limpio de los atletas, ellos son el indiscutible sostén del juego. Sus valores éticos y morales también entran a quite cada vez que ingresan a una cancha. La honestidad y limpieza de algunos futbolistas contrastan con la marrullería y la mala intención de otros. La cobardía de unos se enfrenta a la valentía de otros, como acontece de manera cotidiana en la vida.

En más de noventa minutos de juego afloran la educación, la cultura, el civismo prohijados en la familia, la escuela y el barrio. En esa hora y media se cristalizan los valores éticos (o su contraparte: las inmoralidades) que forman la personalidad y actitudes del hombre.

Esta investigación busca escudriñar los valores implícitos en el futbol, en sus vericuetos morales y, de forma primordial, en las normas de conducta, encomiables o nocivas, de los futbolistas.

***

Por consiguiente, es claro que el futbol no sólo es un juego en donde la pasión se yergue, los jugadores entregan su mejor esfuerzo y los aficionados se desfogan. Es, asimismo, un enorme negocio: alrededor del cuatro por ciento de la población mundial, es decir 270 millones de personas, se dedican, directa o indirectamente al futbol profesional, bien como jugadores, entrenadores, directores técnicos o árbitros, pero también como comisionados o especialistas en medicina deportiva, como empresarios o empleados. El Fondo para la Población de la Organización de las Naciones Unidas (onu) y la Federación Internacional de Futbol Asociación (fifa), máximo organismo rector del espectáculo, confirman tales cifras.

A esos números debe agregarse la enorme cantidad de personas dedicadas a otras actividades vinculadas de una u otra manera al futbol: empresas productoras de ropa y de zapatos, de balones, de alimentos… De emblemas futboleros, laboratorios (que producen vitaminas o complementos especiales para deportistas), o legiones de compañías publicitarias. Un cúmulo formidable de firmas de todo tipo. Y, desde luego, la muy amplia gama de trabajadores que laboran en medios de comunicación: prensa, radio y, de manera sobresaliente, en la televisión. En buena parte gracias a la difusión masiva de éstos, el futbol se ha convertido en un notable fenómeno social.

El futbol, tanto amateur como profesional, es el deporte más popular del orbe y, quien no lo practica ni lo disfruta, por lo menos lo conoce. Es una verdadera adicción para legiones de individuos, quienes se regocijan con jugadores, tácticas y estrategias. Denostan o glorifican a directores técnicos; elevan al Parnaso de los elegidos a los futbolistas cuando su equipo triunfa y se alegran, de manera ruidosa, del infierno de la derrota sufrida por sus adversarios.

Sin embargo, también hay fanáticos radicales, con frecuencia inescrupulosos, que suelen agruparse en algunos grupos de animación, algunos subsidiados o por lo menos tolerados por las directivas de los equipos, que descargan su resentimiento en los partidarios de equipos "enemigos" como los hooligans de Inglaterra, ultras, tifosis, radicales, los barrabravas en Sudamérica o cualquier otra ramificación. Problema que, como bien sabemos, ha salido de control en México.

Es innegable que día con día el futbol gana simpatizantes, seguidores y futbolistas en potencia. Genera el interés en todos los ámbitos. (En muchos países, cuando su selección nacional juega, sobre todo en partidos oficiales, algunas escuelas, empresas y oficinas públicas les permiten a los alumnos y empleados presenciar los partidos en horario laboral e, incluso, se llega al extremo de dar el día libre). Un ejemplo de ello sucedió en marzo d el 2013, durante la segunda jornada eliminatoria rumbo a la Copa del Mundo Brasil 2014 en Honduras, cuando la escuadra local recibió la visita de México. El presidente Porfirio Lobo decretó ese viernes día de asueto para todo el país, con la finalidad de que todo el pueblo apoyara a la Bicolor.

El futbol es un fenómeno cultural y sociológico arrollador. Aun los indiferentes y sus detractores, para bien o para mal, sufren la influencia de este fenómeno de masas. Nadie parece estar exento de este tema, principalmente, durante las Copas del Mundo.

Cabe la reiteración: el soporte del futbol, sin el cual ni este deporte ni ningún otro existiría, es el atleta. En consecuencia, el futbolista es el objeto central de esta investigación, la cual pretende establecer cuáles son los valores éticos imperantes en este espectáculo. Y, sobre todo, de qué consta el bagaje ético y moral de los jugadores.

Empero, este deporte también cuenta con opositores. Para un nutrido porcentaje de la población, incluso para buena parte de aficionados, el futbolista es el prototipo de ignorancia, de vulgaridad, ostentación y derroche.

A pesar de que reconocidos escritores como Eduardo Galeano (El futbol a sol y a sombra) y Juan Villoro (Los once de la tribu y Dios es redondo), entre otros, han escrito sendos ensayos literarios sobre futbol, sin duda casi nadie, incluidos los fanáticos más avezados, conocen la auténtica personalidad del futbolista. Aquella que no siempre surge en la cancha, la que se esconde atrás del uniforme, del auto, de la ropa de marca y la publicidad.

Hay una especie de intelectualidad vergonzante (afortunadamente ya en vías de extinción) que oculta su afición por el futbol. Y que, por tanto, no analiza los entretelones del espectáculo más allá de los lugares comunes: resultado, comportamiento de las masas o enajenación televisiva.

Tal es la causa de que los análisis más profundos sobre el futbol y el futbolista casi nunca procedan de autores ligados de manera directa con el ámbito futbolístico. Más allá de su actividad futbolística, muy poco se ha escrito (en comparación con lo que se habla) en torno de lo que el jugador piensa, siente y vive en una cancha y fuera de ella. Muy poco se ha escrito sobre los obstáculos que cada día enfrenta en el campo de entrenamiento, concentraciones, viajes, ni de sus sacrificios o del tiempo dedicado a la convivencia, a la competencia propiamente dicha o a la recuperación emocional después de un juego.

¿Cómo mina o reconforta al jugador el contacto con los aficionados, con la prensa, con sus detractores o admiradores? ¿Qué representa para él la obligación de convivir con futbolistas de otras nacionalidades, creencias, idiomas y formas de entender la vida y el futbol? Poco se conoce el costo que debe pagar por vivir como nómada, de país en país, de estado en estado, de cancha en cancha.

En este libro se pretende establecer una analogía entre el futbol y otras actividades para identificar, a partir de mi interpretación axiológica, cómo se generan valores en las personas de acuerdo con su experiencia, principalmente la laboral.

Para efectuar la investigación y el análisis correspondiente, me apoyaré en mi larga experiencia deportiva, de manera primordial en la futbolística, tanto como jugador, analista, comentarista y escritor.

Parto de la hipótesis, como toda conjetura sujeta a comprobación, de que el deporte, en particular el futbol, es un medio eficaz para estimular en la juventud la generación y el fortalecimiento de valores positivos que contribuyan a su sano desarrollo físico, pero también mental y emocional, para que se conviertan en seres humanos íntegros y social e individualmente responsables.

En el ámbito deportivo es común escuchar la máxima: "Se juega como se vive y se vive como se juega", la cual alude a la estrecha relación que hay entre la personalidad del jugador en la cancha y en su vida personal, que en realidad nunca es privada porque el futbolista, como en algunas otras, pero pocas profesiones ocurre, es una figura pública y publicitada.

Poco se han estudiado los elementos y herramientas formativas con que el futbol y otros deportes de alto rendimiento pueden proveer al individuo que los practica y, por lo tanto, la influencia que éste, con su ejemplo, podría transmitir, en especial a niños y jóvenes, quienes ven en el futbolista un modelo a seguir, incluso, en ocasiones, por encima de la propia educación familiar. Por lo tanto, este libro pretende abarcar los aspectos didácticos del futbol: el individual y el grupal.

El futbol es un deporte que se juega con la cabeza y, en todo caso, se piensa con los pies, juego de palabras que pretende evidenciar la existencia de un vínculo directo entre el pensamiento y la habilidad deportiva. Sobra aclarar que el jugador es un ser pensante, no un autónoma practicante de la actividad física. Un ser con cuerpo y alma porque se requieren mucha cabeza y una enorme voluntad para lograr convertirse en futbolista profesional, cualidades que se aúnan a las habilidades adquiridas, producto de la disciplina, y, por supuesto, a las aptitudes genéticas.

El futbol puede convertirse en una generosa escuela de valores, capaz de impulsar la solidaridad y el respeto, la perseverancia, la honestidad, la lealtad y el esfuerzo. Aspectos axiológicos que deberían ser implícitos a la educación, más allá de religiones, creencias e ideologías. Porque, para jugarlo, debería ser necesario practicar una serie de valores básicos, los cuales la familia y la escuela, hipotéticamente, deberían inculcar, pero no, necesariamente sucede así. Para suplir estas carencias éticas, el futbol puede ser un transmisor idóneo de la bondad o la maldad, un parangón de lealtad y deslealtad.

El futbol es, sobre todo, un esfuerzo colectivo que, para alcanzar el éxito, depende de todos sus integrantes. Un esfuerzo común que, sin embargo, descansa en la suma de esfuerzos individuales. Sin el talento individual el brillo colectivo es imposible, pero sin el juego de conjunto los mejores talentos personales terminan por esfumarse.

Por lo tanto, la idea central de este libro radica en la posibilidad de transmitir los valores morales, estéticos, intelectuales, afectivos y sociales a través del juego más popular en México y en el planeta. Pero, para conseguirlo, primero deberá determinarse, como con anterioridad se explicó, en qué valores descansa la ética de los jugadores profesionales y la del movimiento futbolístico en general.

¿Es acaso posible, pese a la suma de intereses de toda índole que cercan al futbol, convertirlo en un torneo de noblezas? Ésta y otras preguntas deberán responderse en las páginas subsiguientes.

El juego que todos jugamos

El futbol, tanto el local como el de todo el planeta, no es un ente aislado de la sociedad, y, por ende, tampoco de la cultura ni de la ideología imperante. Con frecuencia es reflejo de las virtudes y vicios de la sociedad que la enmarca la cual, algunas veces, lo limita y en otras lo impulsa.

Como cualquier fenómeno cultural sería imposible entender el futbol sin tomar en cuenta su relación con el sistema económico, social y político. Es decir, con las relaciones sociales en que se inscribe, las cuales, quiérase o no, se acepten o se nieguen, a todos de una u otra manera nos determinan porque, antes que individuos, somos entes sociales.

Tal perspectiva, en modo alguno, niega la importancia de la individualidad de las características propias de las personas. Cada quien tiene su propia historia: su familia, sus amistades, sus amores y adversarios; éxitos y fracasos; esperanzas y sueños fallidos y, desde luego, cualidades y antivalores. Sin embargo, todos enmarcamos nuestra existencia en esa totalidad llamada sociedad.

En su acepción general, la cultura es un tejido social que abarca formas y expresiones diversas de una sociedad. Por tanto, costumbres y prácticas, rituales, atuendo y normas de comportamiento que son de índole cultural (si bien cultura y sociedad son distintas), se convierten en conceptos inseparables.

La sociedad hace referencia, para decirlo a grosso modo, a las agrupaciones de personas, a la cultura a la producción y a las actividades recreativas o no transmitidas a través de las épocas: costumbres, lenguas, creencias, arte, ciencia. Y, por supuesto, al juego, palabra derivada del sustantivo latino *ludus*.

Por consiguiente, desde sus orígenes, la palabra "juego" conlleva el ocio pero, a la par de la idea de diversión y pasatiempo, "se denominan también *ludi* a los grandes festivales públicos romanos como las carreras ecuestres y de carros y al combate entre gladiadores", lo cual suma la idea de ejercicio y adiestramiento en alguna técnica. De ahí que *ludus* también designe a la escuela primaria y gratuita que los romanos impusieron por vez primera a su población.

Suele dejarse de lado que, a veces, para jugar se requiere un juguete, y que el objetivo primordial de éste es la recreación, aunque también se usa para la formación, aprendizaje y desarrollo de los infantes. Y que el juguete es un objeto que se usa de manera individual o en combinación con otros niños, jóvenes o adultos, como el balón del futbol que, cabe subrayar porque parece haberse olvidado, no es otra cosa que un juguete.

***

De esa manera, y pese a sus detractores, el futbol es un fenómeno cultural y, en consecuencia, social. Y, como fenómeno social y cultural, de alguna manera es capaz de permanecer al margen de la suma de valores éticos (o del desprecio de éstos) predominantes en las agrupaciones humanas.

En el ámbito mundial, en 2013, la globalización de las relaciones económicas, fenómeno inaugurado en los años ochenta del siglo xx (del cual México ha sido, por desgracia, un ejemplo), ha conseguido imponer, a escala planetaria, una ideología basada, de manera primordial, en la ganancia como principal estímulo tanto colectivo como individual. De tal forma, la riqueza hoy se yergue como valor fundamental. Poco importa, de acuerdo con la lógica de este comportamiento, la forma en que se obtenga. Después de todo, la sociedad de libre mercado gira en torno del valor como expresión del intercambio generalizado de equivalentes y de la mercancía, expresión y sustento físico del valor.

La estrepitosa crisis hipotecaria y financiera en Estados Unidos, la debacle de la nación griega o la infame incautación de viviendas a millones de ciudadanos españoles, son apenas una muestra del devastador poder de un modelo económico impuesto por los más poderosos consorcios internacionales.

México es otro caso extremo: prácticamente carece de banca nacional. El 2 por ciento de la población concentra casi la mitad de la riqueza, y el 0.2 por ciento, alrededor del 20 por ciento del Producto Interno Bruto. Casi 60 por ciento de sus habitantes vive en la pobreza y, de éstos, 25 millones en la miseria.

La corrupción pública y privada, y las ilícitas prebendas son hechos de todos los días: asesinatos a granel cometidos por el crimen organizado, miles de compatriotas migrantes hacinados en cárceles estadounidenses y casi la mitad del territorio nacional controlado por bandas delincuenciales delinean el mapa de la realidad mexicana.

Es decir, la suma de antivalores: egoísmo, indiferencia, deshonestidad, corrupción… todo eso se junta en buena parte de la República, enmarcados en el valor de cambio como expresión idónea del intercambio. Paradojas de la sociedad global: los antivalores éticos son el basamento ideológico del valor de cambio.

***

Es en este contexto local e internacional que se desarrolla el futbol, el deporte más importante del planeta o, por lo menos, el más conocido.

Y como los valores éticos y sus contrapartes guardan concordancia con el sistema social y económico, a nadie debería sorprender la larga suma de trampas, apuestas ilegales, dopaje, partidos arreglados, árbitros deshonestos y un largo etcétera que acontece en el futbol internacional. México incluido, por supuesto.

El boxeo tiene fama de ser el deporte más corrupto, una fama bien ganada de acuerdo con numerosos testimonios. Pero la relevancia de numerosos personajes del futbol implicados en comportamientos turbios indica que, tarde que temprano, el historial del futbol conseguirá competir con los oscuros antecedentes del pugilismo.

En febrero del 2013 se destapó un enorme escándalo en el futbol internacional. "Una red de corrupción que ha generado más de ocho millones de euros de beneficios entre 2009 y 2011 a través de la manipulación de partidos y no sólo pone en duda la profesionalidad de los más de 425 implicados −entre jugadores, árbitros y dirigentes de clubes—, sino que, como el propio Consejo Europeo ha definido, 'supone una gangrena que mata al deporte'. Las cifras son escalofriantes: 680 encuentros amañados, 15 países implicados, 50 detenciones realizadas hasta el momento y 2 millones de euros en sobornos. (…) Se han identificado en Europa más de 380 partidos de futbol profesional en los que ha habido prácticas sospechosas de apuestas ilegales". (Marta Aparicio, La Razón: 4/II/2013).

La propia FIFA, en un extraño alarde de sinceridad o, para decirlo sin ambages, obligada por las circunstancias derivadas del mayúsculo escándalo, aumenta, de manera brutal, las cifras del desaseo al asegurar que en esta práctica ilegal hay una danza de 90 mil millones anuales de dólares o, si se prefiere, de 63 mil millones de euros. Aúnense las apuestas deportivas (tan sólo en España, 30 mil millones de euros sin control de la Hacienda pública) y únase, como se advierte en el antes citado rotativo, una red criminal de alcance mundial con sede en Asia y confabulada con clubes europeos, para tener una somera idea de la magnitud del problema.

México tampoco toca mal la sinfonía de la corrupción. Recuérdese el célebre caso de los cachirules (ya referido al principio de este libro), cuando se descubrió que la selección juvenil alineó, a cuatro jugadores que sobrepasaban la edad reglamentaria mientras competían en las eliminatorias de Guatemala, con el fin de clasificar a la Copa Mundial de Futbol Juvenil de 1989.

Como castigo todas las selecciones nacionales fueron relegadas de competencias internacionales de 1988 a 1990, razón por la cual México no participó en la Copa Mundial de Italia celebrada en ese último año, ni en los Juegos Olímpicos de Seúl 1988.

Aquello era una práctica común dentro de las selecciones con límite de edad compuestas, en su mayoría y por muchos años, con jugadores más viejos. Afortunadamente, dicha costumbre fue erradicada tras aquel doloroso castigo y poco más de veinte años después, México ha sido campeón del mundo en dos ocasiones con la Selección Sub 17, compuestas cien por ciento con futbolistas reglamentarios.

El dopaje es otra evidencia del quebranto ético en el deporte. Por esa causa el legendario ciclista Lance Armstrong fue despojado de la medalla de bronce obtenida en los Juegos Olímpicos de Sydney 2000, así como de todos sus títulos en la competencia más importante del ciclismo a nivel mundial: el Tour de France. Diego Armando Maradona fue retirado del Mundial de Estados Unidos en 1994 tras el examen antidoping que se le practicó una vez finalizado el partido Argentina vs Grecia. Al velocista Ben Johnson, quien triunfó en la final de 100 metros en los Juegos Olímpicos de Seúl, en 1988, le quitaron la presea dorada. La lista de fulgurantes estrellas deportivas que se han dopado parece interminable: Katrin Krabbe, Dieter Baumann, Marion Jones, Jan Ullrich, Ivan Basso, Floyd Landis… La mayoría lo hacía con la complicidad de sus entrenadores y, en algunos casos, de sus directivos.

Aunque el futbol no está exento de este grave mal, cabe subrayar que los casos de dopaje son minúsculos en comparación con el cúmulo de incidentes de este tipo ocurridos en otros deportes. En México, quizá el caso más conocido, es el de Salvador Carmona, dos veces mundialista, quien reincidió y fue suspendido de por vida sin dar jamás una versión en su defensa.

Las trampas van de la mano del cinismo: Diego Armando Maradona anotó con la mano el gol con el cual Argentina sacó a Inglaterra de la Copa Mundial de México 86. Y, en vez de mostrar arrepentimiento o, por lo menos cierta vergüenza ante su escandalosa trampa, atribuyó el gol a "la mano de Dios". Y, peor aún, millones de sus admiradores celebraron (y continúan celebrando) su impúdica expresión.

Al respecto Javier García Galiano anota:

> La indignación causada por un gol hecho con la mano permanece imborrable porque, según lo señaló Juan José Arreola, la trampa, como violencia, atenta contra el juego. ("La sombra de los héroes", en Hambre de gol. Crónicas y estampas del futbol. Cal y Arena, México: 1988).

***

Pese a todo, por lo menos en lo tocante al futbol nacional, las virtudes de los jugadores sobresalen sobre los defectos. En México el futbolista se desarrolla en un ambiente legal adverso en el cual se le asusta y advierte, casi día tras día, temporada tras temporada, que los derechos son para los directivos y propietarios de los equipos y que las obligaciones son sólo para los futbolistas. A éstos se les enseña que son un instrumento técnico al servicio del Club y que su independencia tiene condiciones pues, aunque mantienen una relación contractual, guardan una relación de pertenencia con los directivos. No obstante, es necesario establecer que, desde el año 2003, todo futbolista profesional cuenta con el respaldo de la Comisión del Jugador para cualquier conflicto contractual. Sin embargo, el problema radica en que al momento de ser contratado, el jugador es, en muchos casos, intimidado y presionado para firmar en condiciones favorables al Club y, de esa manera, si existe conflicto posterior, los documentos favorecen a la institución.

Algo se ha avanzado desde aquellos tiempos en que la sola intención de crear un sindicato era penada con el despido de por vida del futbol, aunque el más reciente intento fue sofocado y reprimido por los clubes. Importantes derechos se han ganado pero el vasallaje subsiste con el respaldo del máximo organismo mundial de este deporte, la FIFA.

El más denigrante grillete a sus derechos es la disposición de la FIFA de que los conflictos legales de cualquier índole relacionados con el club no están sujetos, de inicio, a las leyes de las naciones, sino a la normatividad jurídica de la propia Federación Internacional y de las Asociaciones. Es decir, que la FIFA se yergue sobre los marcos jurídicos de todos los países para imponer su propia legislación. Una disposición a todas luces reprobable. Y, sin embargo, hay un extraño consenso de los Estados para no contravenir tal arbitrariedad. Por ejemplo, si un jugador acude a los tribunales de su país para demandar a la FIFA, a la Federación Mexicana de Futbol Asociación o a su similar de Italia, Rusia o Conchinchina, por ese sólo acto corre serio peligro de quedar desafiliado. O sea que se le veta, en ocasiones de por vida.

Tal es el hostil ambiente al que se enfrentan los futbolistas profesionales, porque no todos son estrellas ni todos devengan estratosféricas sumas por su fascinante trabajo. Los hay, la mayoría en primera división, que ganan para vivir con dignidad. Y también hay quienes, de manera preponderante en las divisiones de ascenso e inferiores, devengan un salario francamente modesto y, no por eso, dejan de ser profesionales.

Aun así sostengo que el futbol es un medio idóneo para estimular en los niños y jóvenes el fortalecimiento de valores éticos que contribuyan a su desarrollo físico, intelectual y emocional para que conozcan el valor de la integridad y el esfuerzo tesonero y responsable.

Es necesario, en las terribles condiciones que enfrenta México, enseñar a los jóvenes que el futbol "es una metáfora de la vida y de la guerra" (Eduardo Galeano), con la diferencia de que, a diferencia de lo que ocurre en la existencia diaria, esta batalla sí puede ganarse con buenas artes, dignidad y decoro. Y que la mejor recompensa es obtener el respeto de uno mismo y de los demás.

Porque como antes se explicó: el juego, además de diversión, conlleva enseñanza. Una enseñanza basada en el respeto, en la colaboración y en una meta común. Este juego, este deporte y este espectáculo es demasiado importante para dejarlo sólo en manos de los negociantes. Por consiguiente, es imperativo que el balón sea controlado con los certeros pases de la ética y el respeto.

***

Este libro no pretende convertirse en una disertación sobre la ética, es decir, sobre la filosofía. Su intención es presentar la relación entre los valores éticos, el futbol y los protagonistas del deporte.

A partir de mi experiencia pretendo reflexionar sobre los valores éticos y morales que imperan en este deporte y, por consiguiente, en torno de su contraparte, la suma de engaños, trampas, deslealtades y similares que, por desgracia, también las hay en esta actividad sumamente lucrativa. A mi experiencia aunaré la investigación, los estudios y el análisis correspondiente.

El extremo pragmatismo que impera en este tiempo, consecuencia lógica de un sistema mundial que postula como objetivo principal —prácticamente único— la maximización de la ganancia y la concentración de la riqueza, la obtención de dinero como la aspiración cardinal del ser humano, conlleva la destrucción o, por lo menos, el olvido de los valores morales trazados con el esfuerzo intelectual y la conciencia escrupulosa de los más lúcidos pensadores del planeta. Pero no es para tanto, reitero: mi aspiración en este libro es reflexionar en torno de los nexos entre el futbol y los valores morales que acaso alguna vez le dieron sustento. Y cómo y por qué éstos, si acaso ha sucedido así, se han trastocado hasta convertirse en un paquete de antivalores.

Honestidad, perseverancia, respeto, responsabilidad, compromiso, lealtad, tolerancia, disciplina, cooperación, equilibrio y generosidad parecen, a veces, haber cedido ante la deshonestidad, injusticia, intransigencia, intolerancia, traición, ante el egoísmo, la irresponsabilidad y la indiferencia.

"En el futbol, como en la política, lo único que cuenta es el resultado final", decía Carlos Alberto Parreira, director técnico de Brasil en el Campeonato Mundial de Estados Unidos, celebrado en 1994. Una frase que, para algunos, revela una verdad de a kilo pero, para otros, entre los cuales me cuento, un feroz pragmatismo que entierra o pretende enterrar la más importante virtud del futbol: su carácter lúdico, el estallido de placer que produce una buena jugada, una gran atajada, un pasmoso amague y un atrevido regate. Contra ese placer suelen esgrimirse las frases más comunes que, a su vez, esconden una actitud si no inmoral, por lo menos acomodaticia. "Nadie recuerda el segundo lugar", es una de las más recurrentes.

Pero quien sabe. Como advierte Javier García Galiano:

> Creo que pocos querrán aburrirse rememorando la final, transformada en una serie de penaltis entre Italia y Brasil en el mundial americano de 1994. Pocos, en cambio, olvidarán la finta de Pelé a Mazurkiewicz en la semifinal del Mundial presidido por Juanito 70, aunque el balón no haya entrado a la portería. (Ibíd.)

En el fondo se trata de una actitud ante la vida y, por tanto, de una conducta moral. En efecto, el "amor a la camiseta" (de jugadores, aficionados, directivos…) entraña la entrega a una causa, más allá de la gloria y de las recompensas económicas. Postulo que el jugador que ama a su camiseta es, por ese sólo hecho, incapaz de incurrir en una estafa, en un fraude.

Cuando el futbol pierde su cualidad lúdica y el jugador el amor a la camiseta, el camino está abierto para el pragmatismo y, con éste, a toda clase de trampas.

Sobre estas hipótesis, sujetas como toda hipótesis a su demostración o a ser refutadas, intentaré en este documento, establecer los vínculos entre la ética, los principios morales y el futbol y sus protagonistas.

Capítulo 1

Límites ideológicos y mercantiles del juego

Encima de mí, el cielo estrellado. En mí, la ley moral.

Emmanuel Kant

El futbol es un formidable ventanal a través del cual se refleja lo mejor y lo peor de la sociedad, así como también su lado anodino, sus costumbres e ideología, infamias y nobleza. Gregario, por esencia, para este juego la cancha es el escenario traslúcido que, como revela la definición de esta palabra, "deja pasar la luz, pero no permite ver claramente lo que está detrás de él".

La pasión desencadenada por este juego oculta que detrás del futbol se esconde un sofisticado sistema de intereses multimillonarios, un poderoso corporativo multinacional en cuya cúpula se ubica la FIFA, la cual ha elaborado reglamentos que atentan contra la soberanía de las naciones. Entre ellos destaca la disposición para que los conflictos legales relacionados con el futbol no se sujeten a las leyes de las naciones, sino a la normatividad jurídica de la propia Federación. De tal forma, este organismo hace caso omiso de los marcos jurídicos de 209 países y territorios (cifra variable) que forman parte de ella para imponer su propia legislación y extrapolarla sobre aquéllos. Por cierto, una reglamentación que, de manera nada fortuita, por el contrario, inducida por la causalidad que deriva de las conveniencias, ha sido respetada por consenso implícito sin excepción alguna por los Estados a los que pertenecen las respectivas asociaciones nacionales de futbol.

Tampoco puede olvidarse que, a escala mundial o casi, ha sido impuesta la globalización de las relaciones económicas y, con ella, una ideología basada en la ganancia como *leitmotiv* –motivo central y recurrente del comportamiento colectivo e individual y, por añadidura, de las relaciones sociales. De tal forma, que la riqueza y su acumulación hoy imperan como *valores* fundamentales de conducta sin importar la manera en que se devenguen. Después de todo, la sociedad del libre mercado gira en torno del valor como expresión del intercambio generalizado de equivalentes, y de la mercancía, expresión y sustento físico del valor. Así las riquezas han conseguido opacar a los valores como reglas de conducta universal.

Es imposible para el futbol, cuya esencia es social, permanecer al margen de estas normas porque, como sostiene Marcelo Bielsa: *"El futbol va más allá del juego y tiene implicaciones y repercusiones a nivel social, político y eso no se escapa a nadie. Todas las pasiones son canalizadas y se expresan como conductas".*

Una acotación imprescindible sobre lo anterior: el comportamiento de los individuos, en la intimidad y en el foro público, no se rige por su conciencia objetiva, sino por su conocimiento y reconocimiento de la realidad.

Desde esta óptica, un torneo de impostores sería el juego que todos jugamos en el futbol y en la vida. En esta justa, los más poderosos intereses económicos (consorcios y corporaciones transnacionales) imponen al resto de la sociedad su visión de la existencia. Y no sólo de la que ésta supuestamente es, sino de lo que debe ser.

Libertad y juego

Desde esta lógica inapelable se puede decir que el futbol se juega con cartas marcadas pero, aun así, no ha conseguido derrotar del todo la esencia del juego y, por consiguiente, de la libertad porque, sin ésta, es imposible la verdadera felicidad. Un pueblo de esclavos, despojados de la libertad es, obligatoriamente, triste.

Cabe la referencia al esclavismo porque en el espectáculo futbolístico internacional los jugadores, esos gladiadores del mundo moderno, salen al circo de la cancha a enfrentarse con los leones del equipo adversario. Empero, en su caso, la vida no es el precio de la derrota, es la crítica y el desprestigio, y la recompensa no es la libertad, sino el reconocimiento y la fortuna.

Pese a ser un trabajador de excepción, cuyo salario se encuentra años luz de distancia del empleado promedio, en el caso de las grandes figuras, el futbolista suele desarrollarse en un ambiente legal adverso en el cual se le humilla al advertirle, día tras día, temporada tras temporada, que los derechos son para los directivos y propietarios de los equipos y que las obligaciones son atributo exclusivo de los futbolistas, como ya se apuntó anteriormente. A éstos se les enseña y advierte que son un instrumento técnico al servicio del Club y que su independencia tiene condiciones pues, aunque mantienen una relación contractual, guardan una relación de pertenencia con los directivos aún después de su contrato (Pacto de caballeros). No en balde, en la inmensa mayoría de los casos, lo que se conocía como "carta" (derechos federativos) de los jugadores es propiedad de un club. Por tanto, no son, aunque así parezcan, fuerza de trabajo (libre, por definición). Por ende, no son (no somos ni fuimos), en absoluto, dueños de su (nuestro) destino laboral como, hipotéticamente, lo son los trabajadores del mundo moderno dentro del capitalismo que vivimos.

La "carta" de los jugadores es el anverso de la esquela de su libertad. El reverso son sus privilegios, si bien sólo son sobresalientes los de las estrellas, y decorosos, los salarios de jugadores en la primera división. Para no ahondar en las sumas percibidas en divisiones inferiores, muchas veces raquíticas, aunque, por lo regular, superiores a las de los asalariados comunes (no por eso corrientes).

Este es el trasfondo social, económico y cultural en el que transcurre la vida de los futbolistas, breve como jugadores activos, además de azarosa.

Marcados por los aplausos y a veces abucheados, los jugadores están obligados a conservar la cordura y a no perder el aplomo. Su jerarquía de guerreros de la cancha no los libra de su obligación ética de distinguir entre el bien y el mal, y entre lo correcto y la deshonestidad. Múltiples y conocidas son las acciones que comprueban quiénes han optado por una u otra disyuntiva. Esto, sin contar el sinnúmero de simulaciones y estafas aún desconocidas o encubiertas.

En este marco, a lo largo de los ciento y tantos metros de la cancha, se juega o debería jugarse, no sólo para conseguir encajar la pelota en el marco contrario y defender el propio, no únicamente para que la estrategia propia predomine sobre la del adversario, no nada más para imponer el talento, si no para que la nobleza del juego limpio rebase las malas artes de los tramposos porque, sin duda, el futbol es, sobre todo, una batalla. Pero aun así las batallas son nobles o perversas.

Porque el juego, además de diversión y gozo, conlleva enseñanza, una enseñanza basada en el respeto, en la colaboración y en una meta común. En torno de la conocida máxima: *La política es demasiado importante para dejarla en manos de los políticos*, cabría parafrasear: *El futbol es demasiado importante para dejarlo en manos de los negociantes del futbol, incluidos funcionarios de este deporte.*

Por consiguiente, se antoja imperativo que el balón sea controlado con los pases certeros de la ética y el respeto, pero sin olvidar que es también un colosal y fructífero negocio porque, si de transformar la realidad se trata, la ingenuidad no es sólo un estorbo, es, igualmente, una insensatez y, a veces, un crimen moral porque produce consecuencias, en definitiva, contrarias a las pretendidas.

Un cúmulo de intereses económicos confluyen en el futbol y, gracias a él, viven, se regocijan e hinchan de ganancias. Y aquí es donde la siempre presente disyuntiva entre el ser y el deber ser adquiere mayor relevancia. Pero insisto: la exigencia de proceder, de acuerdo con normas éticas, no debe suponer ingenuidad ni ignorancia. Al respecto agrego:

En una entrevista que me hizo Carlos Prigollini allá por el 2007, respondí de la siguiente manera a la pregunta: ¿Qué influencia tienen los intelectuales en el futbol?

> La única influencia de los intelectuales que veo en el futbol es en el plano romántico y literario. Hasta la fecha, no conozco ningún caso de un intelectual que haya sido tomado en cuenta por el poder futbolístico. Quizá porque si en algo coinciden los intelectuales del futbol es en la condena hacia el negocio y en que todo tiempo pasado fue mejor, algo que evidentemente se opone a la avalancha mediática y económica del futbol actual. Cuando algún intelectual se ha sentado en el escritorio de las decisiones, su discurso ha cambiado, quizá por calzarse otros zapatos; quizá por entera conveniencia, pero lo cierto es que aquel discurso romántico se esfuma. Yo me inclino por la nostalgia del pasado, sí, pero aceptando abiertamente que el negocio, el dinero y el poder son indispensables para que el futbol siga vivo, siga proporcionándonos temas para reflexionar y siga produciéndonos esa pasión inigualable.[1]

Dicho de otra manera: para cambiar el estado de cosas e imponer valores positivos en el futbol es imprescindible comprender y reconocer la situación real que lo enmarca y limita. Lo que, en modo alguno, significa dar paso a la pasividad y complacencia y, mucho menos a la complicidad.

Ángel Cappa, extraordinario director técnico, analista y autor de los libros *¿Y el futbol dónde está?* Y *La intimidad del futbol*, en-

---

[1] Prigollini, Carlos, *Futbol secuestrado.* Editor Urdimbre. Pp. 75–85. México: 2008

tre otros, reflexiona sobre la lamentable situación futbolística que hemos apuntado en párrafos anteriores.

(…) Es indudable que habitamos un mundo violento que genera violencia. Y éste es el escenario donde el futbol ocupa su lugar. Los mismos empresarios que participan de este desastre son generalmente los directivos de los clubes más importantes. Berlusconi en el Milán, por ejemplo, que no hace mucho fue condenado por un delito de fraude y estafa, pero quedó en libertad porque habían pasado los cinco años necesarios para su prescripción. Tiempo que utilizó para obstaculizar a la justicia, cómplice también de este ataque a la democracia.

Ahora que hemos recordado, aunque muy por arriba porque la cuestión tiene una profundidad aterradora, dónde vivimos, veamos qué tipo de futbol encontramos.

La frase que mejor lo define es: "Hay que ganar como sea", porque hay muchos intereses en juego. Nadie, que yo sepa, ha explicado qué significa eso. Puedo suponer, entonces, que están hablando de tirar a la basura todos los conceptos básicos de este juego, para lograr la victoria a toda costa, incluyendo trampas como las del futbol italiano, donde una vez descubiertas, resolvemos quitarles puntos a varios equipos, la Juve entre ellos, lo que le costó el descenso de categoría. Por supuesto, los autores de este delito no sufrieron castigo legal alguno y siguen ocupando lugares de privilegio en los mismos clubes. El clima que rodea el futbol es de urgencia. Se trata de la cultura de la inmediatez, donde todo tiene que ser ya. No hay tiempo para construir nada, y menos para disfrutar algo.

El toque es perder el tiempo, la pausa se confunde con la lentitud, y la paciencia es un insulto. Se pierden por el camino los fundamentos esenciales del juego, y la ética se convierte en una broma de idealistas. Nos quitan el placer de jugar y lo reemplazan por la obligación de ganar de cualquier manera, aunque esta frase no tenga contenido alguno. Lo cierto es que sólo vende el que gana y, como el negocio impuso su criterio comercial, ése es el valor más importante. El futbol se alimenta de los barrios más pobres en cualquier parte del mundo. De ahí proviene la mayoría de sus mejores talentos, y gran parte de su multitudinaria hinchada. En esos barrios precisamente, donde son empujados los marginados de la sociedad, rige la norma de sálvese quien pueda, y vive la desesperanza. Si no se admite otra cosa que ganar, seguimos alimentando la crispación. Las barras, otra vez las barras, más o menos bravas según los países, actúan en complicidad con los dirigentes, los políticos y, muchas veces, con la policía también. Ellas ofrecen sus "servicios", y después tienen barra libre para delinquir, intimidar y hacer sus negocios. En algunos países han ganado una cuota de poder inimaginable, y se han convertido en algo incontrolable. (¿Incluimos a México?) Si han privatizado todo o casi todo, apartando al Estado de la protección de los más débiles, incluidos salud y educación (en Estados Unidos, el país más poderoso de la Tierra, hay 48 millones de personas sin atención médica, sin seguridad social), ¿cómo no iban a privatizar el futbol?, que cayó en manos de gente que no tiene ni idea ni sensibilidad para manejar este fenómeno. ¿Podemos esperar un futbol en paz? ¿Podemos soñar con un futbol alegre, que sirva, como fue en un tiempo, de excusa para ser feliz? Evidentemente, tal cual están las cosas, no. Pero hay todavía una esperanza; depende de nosotros. Es una tarea nuestra modificar la realidad, desde el lugar que ocupemos; jugando, entrenando, dirigiendo, en el periodismo. Debemos luchar para cambiar la sociedad y hacerla más justa y hermosa; y por un futbol mejor que pueda ser la fiesta que los pueblos se dan a sí mismos. Si lo dejamos en manos de los que mandan, seguramente será cada día peor y más violento.[2]

---

[2] *Ibid.* Pp.11–15.

Cappa agrega a manera de colofón:

> Conocer la realidad hace que la podamos entender y, por lo tanto, intentar cambiarla.

Más allá de la cancha

Algunos de los más relevantes pensadores han señalado la relevancia del futbol mucho más allá del terreno de juego. Una reflexión sobresaliente, en tal sentido, corresponde a Albert Camus:

> *Porque después de muchos años en que el mundo me ha permitido variadas experiencias, lo que más sé, a la larga, acerca de la moral y de las obligaciones de los hombres, se lo debo al futbol.*

Suscribo sin restricciones esta lección del Premio Nobel de Literatura 1957, que seguramente usted ya había leído, porque yo, como él, aprendí las más relevantes enseñanzas éticas y morales de la vida en una cancha de futbol, en los vestidores y en los entrenamientos, entretelones del juego en donde afloran virtudes y vicios por igual. Por tanto, también en la cancha, en los vestidores y en los entrenamientos he sido testigo de los amargos dardos de la envidia, la deshonestidad, el robo, el abuso e, incluso, de la violencia física, antivalores del juego y de la existencia, sobre los cuales reflexionaré en el siguiente capítulo. También resalto de Camus (quien reflexionaba desde la portería) su combate por la libertad del hombre, sin sujetarse a corrientes de pensamiento que, en sinnúmero de ocasiones, representan intereses económicos y políticos.

Como advierte Cappa, el futbol al igual que la sociedad se encuentran enclaustrados por los *valores* del éxito, por el inmediatismo triunfalista que todo lo permite menos la derrota. El hombre de la calle carece de tiempo para disfrutar la compañía de su familia y para disfrutar, con parsimonia, de unas copitas de vino, mientras en el futbol tampoco hay tiempo para hacer un *dribling*, ese arte de esquivar al contrario sin perder el balón, ni para tocar la pelota y buscar, con templanza, el pase al compañero. "No hay tiempo para construir nada, y menos para disfrutar algo".

El futbol vertical, sin creatividad ni parsimonia, del que tanto se afanan muchos, no es sino el reflejo, en la cancha, de la feroz competencia que priva en el reino del capitalismo salvaje. El futbol vertical, cuya máxima expresión sería un saque de meta que sirva como pase de gol, equivale a la velocidad con que los corredores en la bolsa de valores buscan elevar, de un golpe, el precio de sus acciones o, ¿por qué no?, a aquellos que pretenden finalizar la conquista en la primera cita. Sin juego de conjunto ni más estrategia que la de ganar a toda costa, sin reparar o importándoles un bledo que la pérdida de un punto, en alguna compañía, signifique el despido de cientos, miles de trabajadores o, sin importar las mentiras o exageraciones para atraer a la linda chica.

Retomo a Cappa: si en el sistema de libre mercado todo es susceptible de ser privatizado entonces ¿por qué no habría de privatizarse el futbol? Y por privatización entiendo no la propiedad privada de los clubes, pues sería ridículo postular que todos deberían ser manejados por el sector público, sino a la privatización del espíritu del deporte. Es decir, a jugar con un ímpetu mercantil regido por la ley de la ganancia y a ganar de cualquier manera, con trampas si es necesario, sin aspirar a la alegría derivada de la creación, sin buscar la felicidad que, de encontrarla, se trata, precisamente, del verdadero arte de jugar. Un pasatiempo para ganar, aunque la dicha, sea efímera.

Certero, el periodista Javier Gómez Matallanas señala:

> Pero lo cierto es que el juego limpio es una utopía, que la máxima de Maquiavelo se impone en la mayoría de los deportes y el fin, la victoria, justifica los medios. El más listo es el que salta el reglamento y no le pillan, eso es el otro futbol, el saber competir.
>
> Y sabiendo historias de lo que sucede en FIFA y en UEFA, secretos de alcoba que los dirigentes se guardan para siempre, se pierde

un poco la confianza en que exista la ética y la moral en el deporte, en este caso en el futbol, porque si los que manejan la competición no se guían por unos valores éticos, cómo lo van a hacer los futbolistas.

(...) Por eso, lo de (la mano de) Henry sucedió y sucederá. Porque no interesa, porque el futbol es un deporte primitivo, como dice Valdano, pero todo va más allá del romanticismo. No interesa cambiar las 13 reglas del balompié porque así hay polémica. Y porque así se puede controlar la competición. Seguro que el árbitro que no pitó la mano de Henry no quería favorecer a Francia. Seguro que no la vio. Ojalá fuera así. Porque por más que se pueda controlar la competición, el futbol es un juego tan maravilloso y espectacular que ni así lo pueden dominar del todo. *(El Confidencial:* 16/VI/2013)

La idea del sociólogo Philippe Schaffhauzer Mizzi, sostiene que el futbol es una mercancía que circula en el mercado. En este sentido económico–utilitarista no tiene un valor, sino un precio que fluctúa de acuerdo con la oferta y la demanda.

Siendo así, en el futbol, como en la mayoría de las actividades, hoy en día se impone la consigna de Groucho Marx: *"Tengo estos principios pero si no te gustan tengo otros".*

Nadie es inmune.

El futbol es un arrollador fenómeno cultural y sociológico. Ni siquiera los indiferentes y sus detractores son inmunes a la influencia de esta manifestación de las masas.

Y, pese al predominio del dinero y de otros factores extradeportivos, el indudable soporte del futbol, sin el cual ni este deporte ni ningún otro existirían, es el jugador o el atleta.

Siendo así, ¿con qué espíritu enfrentan los futbolistas el día a día de su profesión? ¿Acaso tienen tiempo de preguntarse si se comportan de manera ética? ¿Les preocupa?

Durante todos estos años, he podido constatar que los principios de honestidad, perseverancia, respeto, responsabilidad, compromiso, lealtad, tolerancia, disciplina, cooperación, equilibrio y generosidad resaltan sobre la deshonestidad, injusticia, intransigencia, intolerancia, traición, egoísmo, irresponsabilidad e indiferencia, entre otros indignos comportamientos que circulan en el ámbito de este deporte.

En efecto, pese al adverso entorno social, las virtudes, en lo que corresponde a los jugadores, predominan sobre la corrupción. Pero la conducta del futbolista no es necesariamente una consecuencia de la reflexión en torno de un código ético, sino más bien de la solidaridad que conlleva formar parte de un equipo, entre otras influencias.

En modo alguno idealizo al futbolista. Sé que, por lo general, los imperativos éticos no forman parte consustancial de sus preocupaciones. La urgencia con que se le exigen triunfos le obstruye la preocupación por su entorno social. La aprobación o el rechazo de los aficionados y con éstos su éxito como futbolista, inhibe su consecuencia social y le impide expandir su visión mucho más allá del ajustado margen de una cancha.

Capítulo 2

Antivalores en el futbol mundial
(De cómo el fin y la victoria justifican los medios)

*Hoy resulta que es lo mismo ser derecho que traidor, ignorante, sabio o
chorro, generoso o estafador... ¡Todo es igual! ¡Nada es mejor!
Lo mismo un burro que un gran profesor. No hay aplazaos
ni escalafón, los inmorales nos han igualao. Si uno vive
en la impostura y otro roba en su ambición, da lo mismo
que sea cura, colchonero, Rey de Bastos, caradura o polizón.*

**Fragmento del tango Cambalache,
de Enrique Santos Discépolo**

Corrupción, violencia, trampas, chantajes, partidos "arreglados",
apuestas ilegales, árbitros comprados, directivos perversos... De
tales sedimentos y similares está hecho el lado oscuro del futbol
internacional. Y, como ocurre con la Luna, de la cual por carecer
de movimiento de rotación, sólo vemos una cara, pese a estar
fidedignamente demostrados los malos manejos en este deporte,
los tramposos giros de los poderosos intereses que en él medran
han puesto en marcha su imponente maquinaria de comunicación para esconder este lado oscuro y nada más mostrar la fase
luminosa.

Miles de páginas periodísticas y de reveladores análisis recorren el planeta para dar cuenta del desorden moral que filtra los cimientos futbolísticos, sólo para que, con la misma velocidad con la que se publican, sean arrumbados en el olvido gracias a la labor de los medios al servicio del poder.

Por fin se ha conseguido destapar la cloaca, sin embargo todo parece continuar igual. Los poderes omnipotentes que florecen con este deporte se han encargado de disimular el descomunal tiradero encubriéndolo con el cada vez mayor entretenimiento que rodea el futbol, dándole manos libres a las barras (vamos de nuevo con las barras), auspiciándolas con la intención de que la violencia, en muchas ocasiones generada por ellas, distraiga la atención de los verdaderos problemas que invaden el futbol. Inconscientes porros, al servicio de los directivos, no actúan llevados por el amor a la camiseta, sino por las gratificaciones que aquéllos les dan.

Al respecto Carlos Baidenbaum cita al sociólogo Pablo Alabarces:

> La diferencia entre el hincha militante y el barra brava es que ese aguante ellos lo venden y obtienen dinero. El barra participa de un sistema corrupto. Como todos los dirigentes deportivos, e incluso los jugadores, hacen pingües negocios con la televisión, los pases, los contratos; la barra lo que dice es: nosotros ponemos pasión, ponemos color y cuando hace falta también ponemos aguante, a cambio queremos una parte del negocio.[1]

Las barras bravas, señala el periodista, se organizan militarmente, surgen para reprimir cualquier oposición a los dirigentes de los clubes. Sus integrantes son los sicarios del futbol profesional.

Escrito ya hace muchos años, pero con un mensaje tan vigente como en los noventas, Bill Buford narra, en su extraordinaria crónica "Entre los vándalos", su propia transformación; cómo de ser un ciudadano trabajador común y corriente y sin interés en el

---

[1] Prigollini, Carlos, *Futbol secuestrado*. Editor Urdimbre. P. 66, México, 2008.

futbol, se convirtió en uno de los Hooligans. "Fue algo, lo entiendo ahora al reflexionar, no demasiado diferente del alcohol o del tabaco: asqueroso al principio, placentero a medida que te habitúas, una costumbre que no puedes dejar al cabo de un tiempo. Y quizás, a la postre, autodestructivo".

Normalmente estos jóvenes que se unen a las 'barras' viven un enfrentamiento generacional con sus padres, quienes les inculcaron el gusto por el futbol. Su energía juvenil, su atracción hacia llamar la atención y esa necesidad de volverse diferentes respecto a sus antecesores les lleva, guiados por algunos con pasta de líderes, a agruparse y tratar de hacerse visibles. Quizá, en un inicio, no están viciados, pero la atracción e infiltración de gente nociva pronto es capaz de contagiar al resto.

Esta falta de escrúpulos va de la mano con la supremacía de las relaciones mercantiles y la ideología que de ella deriva, sin estorbosas consideraciones morales, de la obtención de la ganancia como meta suprema, prácticamente única, de la sociedad y de los individuos.

El mundo hoy no se divide, desde esta óptica, en proletarios y capitalistas, en propietarios y desposeídos, en sinvergüenzas y honestos. La ideología preponderante establece que los seres humanos, en esta época, son triunfadores o perdedores. Una aberrante imposición ideológica que no hace distinción de la fascinante complejidad de hombres, mujeres y, desde luego, de la sociedad. Es decir, sí, en cuanto actitud se refiere, nos dividimos en ganadores o perdedores, pero el tener o no tener, el ser o no ser, no debe medirse tan radicalmente.

A la infinita riqueza de la diversidad cultural se le pretende borrar con la distracción de las utilidades. A la pareja triunfador y perdedor, se une el concepto central: la competitividad, expresión no forzosamente del talento, la capacidad o el coraje, sino de la exigencia de aniquilar al contrario porque no se trata de competir en buena lid, sino de aplastar al oponente.

El negocio del futbol ha crecido al mismo tiempo en que se incrementó la brecha entre ricos y pobres. Y, por lo tanto, también creció la violencia, convirtiendo estos ejemplos en un claro espejo de la sociedad, donde el capitalismo salvaje se convierte en capitalismo caníbal.

También el periodismo agrega su granito de arena con una marcada tendencia la exacerbación de las pasiones, convirtiendo una simple competencia deportiva en un combate épico, donde se realzan valores como la picardía o el oficio para ganar partidos, haciendo apología de las malas artes, profundizando la idea de que cualquier medio es válido para obtener éxito en la vida.

(…) Para finalizar y sintetizar acerca de la cultura del ganar como sea, quisiera hacer referencia a lo dicho hace muchos años por un comentarista defensor del *fair play* (juego limpio):

La rivalidad deportiva es un estímulo. Pero la rivalidad que tenemos aquí no es una rivalidad en el sentido que consiga elevarnos, sino que simple y puramente es perniciosa y denigrante para el individuo. Una rivalidad que tiene animosidad al adversario. No es ya la satisfacción de haber vencido en buena ley. Aquí ambicionamos la victoria para podernos considerar más que nuestros adversarios. Se ambiciona el triunfo como un medio de reclamo para conquistar renombre, título por el cual muchas veces se desciende hasta el fraude y los malos ardides. La rivalidad deportiva es un estímulo. Pero la rivalidad que tenemos aquí no es una rivalidad en el sentido que consiga elevarnos, sino que simple y puramente es perniciosa y denigrante para el individuo que la posee. Una rivalidad que tiene animosidad contra el adversario.[2]

Así es como los cuatro jinetes del Apocalipsis de la depredación: la globalización, el triunfador, el perdedor y la competitividad, confluyen en una categoría totalizadora que se llama "modernidad".

Al respecto César Luis Menotti, mago de la palabra, filósofo y sabio del futbol, director técnico que llevó a Argentina a ganar el Campeonato Mundial en 1978, advierte:

---

[2] *Ibid* Pp. 47–48, 50.

Han utilizado una palabra como adjetivo calificativo, que es una manera de cagarse en la historia: "Moderno". Cuando un tipo toca la guitarra como el otro, una música que no se entiende y la letra es una mierda, ¿cómo la califican?, como moderno. Cuando un jugador de fútbol corre, va, viene, se tira al suelo, choca, se rompe la cabeza, no da un pase de gol, no salva un gol, ¿qué es?, es un jugador moderno. No jodamos más.

El futbol profesional debería ser un torneo de caballerosidad y grandeza, sin embargo, por regla general, no lo es. Basta con preguntarle a Stefano Mauri, quien fue sancionado por seis meses por amaño de partidos. Sí es, en cambio, una significativa fuente de empleo, por su entorno circulan millonadas de dinero, a la par de la pasión que despierta, gran riqueza es atesorada por los empresarios y organismos que controlan el deporte más popular del planeta.

También es cuna de millonarias divisas para los medios de comunicación, razón por la cual, en sinnúmero de países como en el caso de México, propietarios de los principales medios lo son, a la vez, de equipos de futbol.

Deporte/espectáculo pero también industria/espectáculo. El sudor en las canchas corre a la par del dinero en las arcas de las federaciones y de los empresarios que poseen equipos de futbol profesional. Y ¡ojo!, no es crítica, sino realidad: el futbol es un negocio y quien no quiera verlo de esa manera, se la pasará muy mal repitiendo que todo tiempo pasado fue mejor. La pasión de los estadios no sólo es la válvula a través de la cual los aficionados conjuran deseos y frustraciones, también desahogan sus fracasos y mitifican sus éxitos. La pasión de los aficionados es, asimismo, el impulso vital de los intereses extra cancha.

Como ocurre en tantos negocios en donde están en juego multimillonarias ganancias, en ocasiones se hace caso omiso de los valores éticos que deberían ser parte del deporte, y se incurre en la estafa y en el "arreglo" fraudulento de partidos. Así lo constata el monumental escándalo desatado en Europa por la compra de partidos que involucra a directivos, jugadores, árbitros, directores técnicos… Y no sólo en Europa.

Los "arreglos" ocurren más allá del futbol. También en Estados Unidos existen mil sospechas de resultados fraudulentos en el futbol americano profesional, así como en el basquetbol y hasta beisbol, por no hablar de dopaje...

En este contexto se desarrolla el futbol, el deporte más importante del planeta.

A tal extremo ha llegado la corrupción en este deporte, que el propio Joao Havelange, dirigente histórico de la FIFA, se vio obligado a renunciar a finales de abril de 2013 al cargo de presidente honorario del organismo. En 2010, la BBC publicó que la empresa ISL, la cual quebró en 2001 y antes era socia comercial de la Federación, había pagado sobornos a miembros del organismo a cambio de concesiones de contratos de televisión y derechos de patrocinio durante las Copas del Mundo de los noventa. Para intentar aclarar lo ocurrido, Joseph Blatter, al día que esto escribo, presidente de la FIFA, ordenó crear una comisión de investigación mediante la cual se conoció que en el ilícito habrían estado involucrados Havelange, el expresidente de la Confederación Brasileña, Ricardo Teixeira, el paraguayo Nicolás Leoz y el expresidente de la CONCACAF, Jack Warner.

El delito nunca fue castigado por los tribunales porque, según varias informaciones, se consiguió que las investigaciones del fiscal suizo archivaran el caso a cambio de un pago de unos 6.5 millones de dólares.

Antes de la renuncia de Havelange, por la misma razón, había dimitido el presidente de la CONMEBOL, Nicolás Leoz, quien era miembro del Comité Ejecutivo de la FIFA y de las comisiones permanentes de ésta.

Y, *sanseacabó*, pese a la extrema gravedad de las imputaciones y con la dimisión de Havelange, se dio por finalizado el caso. *"Resultan superfluas otras medidas o propuestas"*, señaló la Comisión de Ética de la FIFA en el dictamen del caso.

El dopaje es otra evidencia del quebranto ético en el deporte. Por esa causa el legendario ciclista Lance Armstrong fue despojado de la medalla de bronce obtenida en los Juegos Olímpicos de Sydney 2000 y todos sus títulos en el Tour de France, Diego Armando Maradona fue retirado del Mundial de Estados Unidos en 1994 y al velocista Ben Johnson, quien triunfó en la final de 100 metros en los Juegos Olímpicos de Seúl en 1988, le quitaron la presea dorada.

Ética y responsabilidad

Es en este contexto que los jugadores, los indiscutibles protagonistas del juego, deben desarrollar su fascinante tarea. Imposible sería suponer que el ambiente social en el futbol y en la vida diaria no afecte la psicología e ideología y que no repercuta en el comportamiento dentro de la cancha. Sin embargo, el futbolista no deja de ser un sujeto amarrado a directivos y clubes.

La exaltación de los aficionados por este deporte también corresponde al esfuerzo limpio de los atletas, ellos son el indiscutible sostén del juego.

El periodista argentino Leo Farinella se pregunta:

¿Es ético llorar por los arbitrajes? ¿Es ético abrir el paraguas condicionando árbitros? ¿Es ético ir a ver a Grondona para pedirle una mano? ¿Es ético tirarse en el área para simular un penal? ¿Es ético pedir amarilla para un rival? ¿Es ético exagerar y agarrarse la cara con las dos manos cuando el rival rozó apenitas el hombro? En fin, podríamos seguir enumerando situaciones que demuestran que la ética con la que viven las personas no se aplica al mundo del futbol. Lamentablemente, el futbol profesional está viciando, los límites éticos se hacen difusos y queda la impresión, para el común del público, de que está todo arreglado.

Múltiples, incontables anécdotas demuestran que Farinella no exagera en absoluto sobre la perseverante falta de ética en la cancha. Los salvadoreños también andan en boca de todos. Rodolfo *Fito* Zelaya y Denis Alas son sospechosos de amaño de partidos con su selección, ESPN abrió a cloaca.

Otro ejemplo de la degradación de valores y de la cultura del éxito es el del ex entrenador argentino Carlos Salvador Bilardo, director técnico del equipo campeón del mundo en 1986, acusado de dar instrucciones para que le dieran agua contaminada a un rival durante un partido, fue nombrado, en 2007, secretario de Deportes de la provincia de Buenos Aires. (Un cargo público).

En torno de la ética y el futbol, la siguiente reflexión de Facundo Ponce de León es esclarecedora:

La actitud de los jugadores hacia los árbitros debe ser otra. Un juez no está ahí para condenar y castigar, sino para permitir jugar y hacer justicia. Es un aliado del espectáculo.

Asumir esta visión del rol de árbitro, permitiría a muchos jugadores concentrarse mejor en el juego, en la magia.

Permitirá también a los futbolistas darse cuenta de que ellos son corresponsables de la justicia o injusticia que tiene el deporte.

Recordemos lo que declaró Thierry Henry luego de la mano que le permitió a Francia clasificar al mundial. "Voy a ser sincero, fue mano pero yo no soy el juez. Lo hice y lo permitieron…" dijo, desperdiciando una oportunidad de pedir disculpas al menos a todos los irlandeses. Su declaración lleva implícita la total ausencia de responsabilidad del jugador en la justicia de un partido.

No caben dudas de que la mano del uruguayo Suárez contra Ghana fue totalmente instintiva y que además fue justamente sancionada, con penal y expulsión. Lo incómodo, en el momento, fue que Suárez se sorprendiera de la medida, como si no visualizara la justicia de ser echado del campo. Acontecimiento que le valió ser el jugador más odiado en el continente africano y, su selección, repudiada el resto del torneo.

Su sorpresiva reacción ante la tarjeta roja forma parte de la misma ética de Henry, donde el árbitro sólo castiga y es enemigo y, al parecer, cuanto más lo engañamos, mejor.

Lo mismo con el arquero alemán Manuel Neuer, quien luego del partido con Inglaterra declaró que jugó rápido la pelota para no dar tiempo a los jueces a reflexionar si había sido gol o no el tiro de Lampard que, recordemos, ingresó claramente a la portería. Una vez más, la responsabilidad de la justicia es sólo del juez, el jugador sólo arrastra agua para su propio molino.

Cambiar esta visión ética es el gran reto de los jugadores, sea como futbolistas, sea como personas públicas.

Peor aún. En un vano intento por parecer honesto, Thierry Henry señaló: "que lo mejor era repetir el partido". Pero él bien sabía que eso era imposible y que las reglas del futbol no lo permiten.

Repetir un partido porque el árbitro no haya visto una jugada es imposible. Francia estaba dentro de la Copa del Mundo.

De tal manera, imbuidos por una depredadora tendencia a la desculturización, a demasiados futbolistas, estrellas o no del futbol, muy poco parece importarles si el resultado de un partido es justo y llevado a cabo de manera limpia, si se apega a las reglas de la ética. Lo importante es ganar, sea como sea.

"Porque seguro que Camus aprendió en el futbol de compañerismo, de solidaridad, de hacer y trabajar en grupo. Pero el futbol también se ha planteado como una guerra, con su propaganda incluida y utilizada también a través de los medios de comunicación. El futbol se ha planteado como un enfrentamiento en el que los adversarios se ven como enemigos y cualquier treta es buena si se consigue la victoria". Advierte Javier Gómez Matallanas:

> El debate eterno de por qué no se introduce la tecnología para que se pare el partido y, en un periquete, se pueda comprobar que Henry le dio dos veces con la mano, ha arreciado en los últimos días. No le interesa ni a los muy futboleros, porque esa polémica, aseguramos, es la salsa del balompié. Pero tampoco les interesa en absoluto a los que mandan en el futbol, porque si entra la tecnología no contarían con el margen de maniobra del que disponen en todas las competiciones. Porque quien controla a los árbitros controla las competiciones.

El debate de si en el futbol entra la moral y la ética se cerraría en el *Fair Play,* que tanto impulsa la UEFA y la FIFA, que se busca y se exige a los contendientes, así como en el espíritu olímpico en el caso de las disciplinas olímpicas. Pero lo cierto es que el juego limpio es una utopía, que la máxima de Maquiavelo se impone en la mayoría de los deportes y el fin, la victoria, justifica los medios. El más listo es el que se salta el reglamento y no le pillan, eso es el otro futbol, el saber competir.

Y sabiendo historias de lo que sucede en la FIFA y en UEFA, secretos de alcoba que los dirigente se guardan para siempre, se pierde un poco la confianza en que exista la ética y la moral en el deporte, en este caso en el futbol, porque si los que manejan la competición no se guían por unos valores éticos, cómo lo van a hacer los futbolistas.[3]

En efecto, a la FIFA no le interesa cambiar las 17 reglas del futbol, sobre todo porque así se puede controlar, manejar o manipular la competencia. Tal es la razón por la cual, pese a los enormes avances tecnológicos, el futbol parece un juego sumido en las cavernas del subdesarrollo. El árbitro no puede auxiliarse de las cámaras de televisión, ni de la repetición inmediata de alguna jugada dudosa, como sí se hace con lujo de detalles, por ejemplo, en el futbol americano por ser un juego continuo. Las impecables, nítidas y excelentes transmisiones de los torneos FIFA, aunado a la rapidez del juego, terminan por exhibir a los propios árbitros y, por consiguiente, a la misma FIFA.

En la Copa Confederaciones 2013, realizada en Brasil, por primera vez se implementó un sistema de 14 cámaras que determinarían con exactitud si el balón rebasó por completo la línea de gol. La única vez que se requirió de este sofisticado sistema, fue durante el partido por el tercer y cuarto lugar, entre Italia y Uruguay. No fue utilizado para establecer si el balón cruzó la línea de gol, sirvió para conocer quién fue el último jugador italiano que tocó la pelota y convertir la primera ano-

---

[3] Gómez Matallanas, Javier. "La ética en el fútbol: Halcones y palomas". *El confidencial:* 16/VI/2013.

tación, gol que, finalmente, se le concedió a Davide Astori, tras comprobar que pateó el balón antes que rebasara en su totalidad la línea de gol.

La pregunta sería: ¿la tecnología le impediría a los mafiosos del futbol controlar a los árbitros y con ello los resultados?

La lista de agravios a la ética en el futbol es enorme, imposible de enumerar en su totalidad. Baste, por ahora, con recordar "varios casos en los que de una forma u otra quedan de manifiesto conductas antideportivas y fraudulentas que ensombrecen el panorama del deporte. Un caso interesante de fraude en el futbol se ha investigado en torno de aquella aseveración que hiciera el delantero Walter Schachner (Austria), quien a su vez afirma que en el Mundial de Futbol celebrado en España en 1982, algunos jugadores de los seleccionados nacionales del futbol de Alemania y Austria llegaron a un acuerdo para lograr un resultado favorable a fin de clasificar, ambos, en el grupo a la siguiente fase del Campeonato Mundial en detrimento del seleccionado nacional de Argelia. El resultado final de ese partido fue de un gol por cero a favor de Alemania, resultado más que favorable para que ambos avanzaran a la siguiente fase".[4]

En su reveladora obra "Cómo se robaron la copa", David Yallop escribe sobre este partido:

"…Si Alemania ganaba por más de un gol o el partido se empataba, o Austria ganaba, entonces Argelia, y no Alemania, pasaría. Después de diez minutos, marcó Alemania. Hay que ver los siguientes ochenta minutos para poder creerlo. Ningún equipo hizo intento alguno para marcar o jugar futbol. Un arreglo amistoso.

Argelia protestó y exigió que tanto Alemania como Austria fueran expulsadas de la competencia por violación del espíritu de juego. Havelange guardó silencio… Hidalgo, director técnico francés, cuyo equipo se vio obligado a enfrentar a Austria en la siguiente ronda, fue a ver a los próximos oponentes de Francia y

---

[4] Reyes Rodríguez, Alixon David. *Fraudes en el deporte. Los Avatares de la disciplina entre una "cultura" de la hipocresía y el cosmopolitismo mundano.* P. 173. Editorial Club Universitario. España: 2012.

tomar notas, pero no las tomó, sino que sugirió públicamente que debería otorgarse el premio nobel de la paz a ambos equipos".[5]

Y, como recuerda Alixon David Reyes Rodríguez en su estupendo texto "Fraudes en el deporte", los casos de los equipos italianos Torino, Juventus de Turín, AC Milán, Inter de Milán, Fiorentina y Lazio de Roma. Y en el extremo, la anécdota del Torino, cuando en un juego contra el Bolonia, en 2002, el defensa italiano Fabio Galante gritó a Daniele Carri, uno de sus compañeros en la defensa: "Déjale hacer gol", justo cuando Julio Cruz (posteriormente jugador del Inter, y entonces del Bolonia), se acercaba peligrosamente al área. Por tanto, sin marca alguna llegó, pateó con total libertad y anotó con absoluta tranquilidad.

Regresando a Italia rescatamos algunas frases de personajes ligados al caso bochornoso del equipo italiano Juventus de Turín y el soborno de árbitros. En una de las conversaciones grabadas que han sido guardadas por la Fiscalía de Roma correspondiente al 26 de septiembre de 2004, Antonio Giraudo (ex administrador delegado del equipo italiano) se queja ante Luciano Moggi (director deportivo del equipo) porque el árbitro Antonio Dattilo "no fue lo suficientemente vivo" y no "diezmó a Udinese" en su partido ante Brescia. En la fecha siguiente el equipo de Sensini enfrentaba justamente a Juventus. "Por lo menos expulsó al checo Marek Jankulovski", le contesta Moggi, quien en otras numerosas grabaciones pide árbitros pro Juventus a Pier Luigi Pairetto, el responsable de designar jueces de la Federación Italiana de Fútbol.

El caso de los otros equipos italianos mencionados anteriormente es por mucho el escándalo más grande que ha sufrido el Calcio italiano. Títulos ganados a costa de dinero, arreglos de resultados, compras y manipulación de los árbitros de la liga, manipulación de los libros, fraudes en los pases de futbolistas, apuestas ilegales son algunos de los problemas en los que estos equipos

---

[5] Yallop, David, ¿Cómo se robaron la copa?, Ed. Oveja Negra, Colombia, 2000.

estuvieron y están involucrados. Por ejemplo, el equipo Juventus de Turín tuvo que descender a segunda división para la temporada 2006–2007 y se le despojo del título logrado en la temporada de 2005–2006, el cual posteriormente le fue adjudicado al Internazionale de Milán; a Fiorentina se le restaron puntos, y al Milán y Lazio de Roma les restaron puntos para la siguiente temporada. Durante años el Inter siguió siendo investigado por fraudes en los balances contables. Por si fuera poco el escándalo que estalló en el futbol italiano, mucho podría suceder si la investigación que la Europol inició sobre el juego de la Liga de Campeones de la temporada 2007–2008 que enfrentó al Liverpool inglés y al Besiktas turco da como resultado la veracidad de las acusaciones en las que se afirma que el resultado de ocho goles por cero favorable al Liverpool se dio porque la mafia asiática pagó a varios jugadores del equipo turco para que dejasen modelar el resultado por situaciones de apuestas ilegales en Asia y Europa.[6]

Indignación deberían suscitar, sobre todo en el amplio mundo futbolístico, las revelaciones compiladas por Reyes Rodríguez. En el capítulo intitulado "El problema de la mafia", señala:

Lo que sí sabemos es que la mafia ha logrado infiltrarse en el mundo del deporte. Acusaciones van, acusaciones vienen, pero la mafia se mantiene. Al día de hoy, más de 200 partidos de las ligas de futbol profesional más importantes de Europa están siendo investigadas por la Europol, la mafia en Europa soborna y atemoriza a los jugadores de la *Premier League* inglesa, la mafia asiática ha hecho desastres no solo en Asia, sino también en Europa, el equipo de fútbol Independiente Santa Fe colombiano está siendo objeto de investigaciones en su país y como es de esperarse forma parte de los comentarios y noticieros en todo el mundo a raíz de sus supuestas relaciones con la mafia colombiana y el narcoparamilitarismo. Allí mismo, en Colombia (solo que algunos años antes de este último escándalo), se pudo conocer sobre las conexiones

---

[6] *Ibíd.* Pp. 174,175.

de mafiosos colombianos y el equipo de futbol Independiente Medellín. El título alcanzado en el Campeonato Mundial de futbol de 1978 por la selección argentina en casa sigue siendo tildado de "comprado", hay cantidades impresionantes de jugadores profesionales que han sido fotografiados con mafiosos y narcotraficantes en varias partes del mundo (como Maradona, Fabio Cannavaro, Roberto Carlos, Adriano, Ronaldo, Marek Hamsik, etc.), jugadores profesionales involucrados en casos de falsificación de pasaportes y sellos por parte de la mafia, hay transacciones irregulares con traspasos gigantescos de dinero, son éstas algunas de las manifestaciones actuales de la corrupción en el complejo entramado de la gerencia deportiva a nivel internacional.

El Grupo de Acción Financiera (GAFI), formado por los países más poderosos para combatir el blanqueo de dinero de las mafias, sostiene que en el futbol profesional europeo existe un lavado de dinero a gran escala. Un informe del GAFI (citado por Rendueles, 2010) afirma que:

El criminal que entra en el mundo del futbol compra una entrada para ascender socialmente. Pasa de ser delincuente a ser una celebridad. Gana dinero, conoce famosos y se codea con el poder legítimo. Hay conexiones entre organizaciones criminales y el mundo del futbol, incluyendo grupos internacionales infiltrados en el nivel más alto… el futbol es hoy lo que antes eran los caballos o las obras de arte. En el futbol nadie pregunta de dónde viene el dinero. Y nadie sabe lo que realmente vale un futbolista. Si quieres, pagas 20 millones, o 23, o 30 por un jugador. Y ahí empieza a veces la lavadora de dinero sucio, pagando un sobreprecio por algunos jugadores, igual que antes se hacía por obras de arte o un caballo… Estamos hablando de un presidente conectado con alguna mafia, con gente que tiene dinero negro en abundancia. Pues bien, este club vende un futbolista a otro equipo por cinco millones, pero obliga a que en todas partes conste que se han pagado diez millones. Así, este hombre, el presidente corrupto, aparentemente regala cinco millones. Pero acaba de lavar cinco millones de los que ya tenía en negro. Dirá, si alguien pregunta, que son los del traspaso del futbolista. El presidente que dice que ha cobrado diez millones también gana. Le sobran cinco millones. A veces dicen al final del año que han ahorrado cinco millones y quedan como buenos gestores, incluso pueden recibir un extra o comisión por prestarse a eso... No extraña que en el futbol haya personajes turbios y algunos directamente reclamados o investigados por muchas cosas... la gente rechaza derribar la ilusión de que el deporte es inocente. Como consecuencia, muchas actividades ilegales no se reflejan, los *sponsors* tratan de mantener la buena imagen. Un rumor sobre el blanqueo de dinero les haría perder dinero. Por eso el blanqueo en el futbol se señala menos que en otros ámbitos. [7]

Vale la pena ampliar un poco aquel famoso encuentro entre Argentina y Perú en el Campeonato Mundial de 1978 en el que los anfitriones debían derrotar a Perú por al menos cuatro goles para acceder a la final. David Yallop lo describe con lujo de detalles:

"... El técnico brasileño Coutinho era uno de los que estaban convencidos que el partido Argentina–Perú no tenía nada que ver con el futbol. Coutinho declaró que los jugadores del Perú no sentirían orgullo cuando escucharan tocar su himno nacional en el siguiente campeonato mundial...

Cuatro años más tarde, el portero peruano Ramón Quiroga, nacido en Argentina, se le citó diciendo: *La verdad es que me siento estafado. Si se han pagado tantos dólares, no me incluyeron. Creo que tengo el derecho a participar en eso...*

... La orden de arreglar el resultado vino directamente del hombre que dirigía la junta militar, el general Jorge Videla... Los sobornos tomaron una variedad de formas. Treinta y cinco mil toneladas de grano que se iban a embarcar de Argentina a Perú. El descongelamiento de una línea de crédito de $50 millones de dólares a Perú... sobornos directamente a funcionarios de Perú de cuentas manejadas por la armada argentina...

---

[7] *Ibíd.* Pp. 191–193.

… He hablado largamente con tres integrantes del equipo, los cuales independientemente confirmaron que les habían ofrecido dinero para asegurar el resultado correcto. Fueron contactados por un antiguo miembro de la junta en forma separada. No pudieron confirmar si alguno de los otros miembros del equipo fue sobornado. En vista de lo que estaba en juego, la cantidad recibida por estos tres jugadores era lastimosamente pequeña: $20,000 dólares por hombre. Todos hablaron, como lo hicieron todos los demás involucrados en este asunto, con el conocimiento estricto que se preservaría su anonimato. Como uno de ellos puntualizó: "*Si se conoce mi identidad, ciertamente habrá represalias, no sólo contra mí sino contra mi familia*".

…Antes del juego, el técnico peruano pidió a su equipo que se abstuviera de jugar en sus colores nacionales oficiales y en cambio ir a ese circo usando camisetas blancas. Qué apropiado", finaliza Yallop.[8]

César Luis Menotti (director técnico de aquella selección argentina campeona del mundo en 1978) ofrece una penetrante explicación sobre las causas determinantes por las cuales ha sido avasallada la nobleza que debería prevalecer en el futbol. Cabe presentarla como un lúcido colofón de este capítulo:

> Esto es una continuidad; arranca desde los años cincuenta, mejor dicho, de los sesenta en adelante para ser más generoso; es una desculturización que aterra, que ha sido tan profunda, tan intencional y con un despotismo tal que ha provocado una marginalidad que no pertenece exclusivamente a los sectores más pobres, ni a las villas miseria; la marginalidad ya ha alcanzado a la juventud de la clase media. Esta falta de visión de futuro, esta falta de respeto por los valores de los barrios, donde el solo hecho de ser respetado significaba tener un pase libre, esta irrespetuosidad también es producto de la desculturización, y arranca también intencionalmente desde los medios de comunicación porque es irrespetuoso el idioma, son irrespetuosas las palabras por su carencia de sentido.

[8] Yallop, David, ¿*Cómo se robaron la copa?*, Ed. Oveja Negra, Colombia, 2000. Pp. 144–147.

(...) Aparecen primero los mensajes populistas, de pseudoizquierda pero, por otro lado, dentro de la economía están los mismos de siempre; los mismos dueños; las mismas obsecuencias. Y entonces el futbol no podía estar al margen de todo esto, y ha sufrido también esa desculturización. El mundo de los grandes negocios se devoró a los tiempos del juego. Hoy con tal de que se televise, se juega todos los días; se deterioran los escenarios; se juega una Copa sudamericana o copa América. (...) Entonces el poder económico ha transformado el futbol en una multinacional, con sede operativa en Suiza.

(...) Donde hay pasión y hay multitudes sin una clara legislación, se hace permisible el abuso del mundo de los negocios. El futbol vende y sigue vendiendo, y ya a nadie le importa más que eso. Dentro de esta degradación que ha habido echaron al público de los estadios. Hoy son espectadores, que no es lo mismo. Si voy a ver ballet, yo soy un espectador; si voy a escuchar música, yo me siento público, nada más que público. No me siento director de orquesta ni violinista, pero al sentirme público no me va a engañar un tipo que no sabe tocar la guitarra.

En el futbol eso ya no sucede. El público se fue yendo de las canchas; ese público que conocía a los jugadores de la tercera, de la reserva ya no está. Hoy si le quitas el número y el nombre a los jugadores a la camiseta, 70 por ciento de la gente no sabe quiénes son.

A la pregunta si el futbol es susceptible de cambiar, Menotti advierte:

Es una utopía. Yo escribí una nota para la OPA acerca de esos jugadores díscolos y los rebeldes. Son como en los barrios, mientras haya díscolos y rebeldes los sueños permanecerán intactos. Y los rebeldes son invencibles no porque sean fuertes y tengan mucho conocimiento, sino porque no se rinden.

Estamos en un periodo de enormes dificultades y vuelvo a insistir en la frase de Tejada Gómez, para que algo cambie tiene que cambiar todo.

(...) Por eso es diferente y me refiero a la desculturización, porque la aristocracia argentina, que también manejó con despotismo, por lo menos tenía otros valores: valores éticos. Se gestaba una lucha por las conquistas de los trabajadores pero no había el despotismo que hay hoy; todas las conquistas laborales se fueron a la mierda en nuestros países... Mis viejos, mis tíos soñaban con llegar a los 50 años para no trabajar más las ocho horas, hoy laboran 14 horas por día.

(...) Como los negocios son tan grandes y son todos tan delincuentes, sumado a una legislación que no es clara, permite que aparezcan los jefes de las barras bravas, donde el más inteligente convoca a otros marginales y la televisión encima les hace una nota. Uno debería suponer que los medios, con este avance, servirían para destacar los valores de la gente, el mejor tipo del barrio, el mejor médico, el mejor músico, el mejor actor, ahora es al revés.

"Para que algo cambie tiene que cambiar todo", sentencia Menotti. Puede ser. Pero existe también el riesgo de que se imponga la máxima de Giuseppe Tomasi Di Lampedusa, que en su célebre novela histórica, *El Gatopardo*, sentencia: *"Que todo cambie para que todo siga igual"*.

Capítulo 3

Valores y contravalores éticos en el futbol mexicano

No habrá pues, querido amigo, que emplear la fuerza para la educación de los niños; muy por el contrario, deberá enseñárseles jugando, para llegar también a conocer las inclinaciones naturales de cada uno.

Platón: *La República*

"Cuando hago el bien, me siento bien. Cuando hago el mal, me siento mal" sentenciaba el fallecido actor estadounidense Christopher Reeve, cuyo trágico destino da mayor profundidad a esa expresión que, desde mi punto de vista, revela el principio intrínseco de los actos moralmente justos. Obrar bien, con apego a principios éticos, conlleva el beneficio de la satisfacción propia.

En este sentido parecido, más allá de religiones e ideologías, es indudable que el futbol puede ser una inmejorable escuela para el aprendizaje del bien, de la verdad, la belleza y la virtud, y un inmejorable foro para poner en práctica los principios de la ética.

Con base en los ejemplos derivados de mi paso por el futbol profesional, estoy convencido de que este deporte proporciona al jugador valores que giran en torno de la solidaridad y el compañerismo.

El combate fraterno por el bien común, esa utopía que a lo largo de buena parte de la historia ha hermanado a luchadores sociales en sinnúmero de movimientos reformistas o revolucionarios, encuentra en el futbol del México de principios del siglo xx, un magnífico paradigma.

No hay exageración alguna al respecto: el futbol, por excelencia, es un deporte de asociación y encuentra, precisamente en su carácter colectivo, la expresión de lo mejor de su espíritu porque, para que el equipo sea un equipo, es imprescindible que actúe en conjunto llevado por una meta colectiva. De tal manera, que el conjunto deba convertirse en la suma de individualidades que se empeñan en la búsqueda de un objetivo común en el anhelado bien común.

Los más grandes astros del futbol internacional, desde Pelé a Maradona, sin olvidar a Zinedine Zidane o a Hugo Sánchez, a Messi o Cristiano Ronaldo, también dependían del conjunto para poder cristalizar su grandeza. Ninguno de ellos ganó un juego por sí mismo, en la soledad de su excelencia, aunque sus enormes dotes fueran determinantes en la consecución de numerosas victorias.

En el futbol todos son siempre más importantes que uno y uno sin los otros es ninguno. Tal es, quizás, el axioma más importante de este deporte. Sin embargo, tal sentencia, en modo alguno, significa que la individualidad se anule porque la buena actuación grupal acrecienta el orgullo propio pero también el de cada uno de los jugadores.

Después de todo, en su acepción más general, el significado de sociedad remite a un grupo de individuos marcados por una cultura en común, a criterios compartidos que condicionan sus costumbres y estilo de vida y que se relacionan entre sí en el marco de una comunidad.

Sin embargo, en el futbol, como en muy pocas otras actividades humanas, el orgullo personal y el colectivo se conjuntan lo que, por desgracia, no sucede en buena parte de los conglomerados humanos en los cuales, las más de las veces, el individualismo va de la mano de la codicia, son el sello que les caracteriza. Por el contrario al jugar futbol se ponen en práctica, aunque así no suele percibirse, casi todos los valores que una persona requiere para desarrollarse como un sujeto digno en los ámbitos familiar y social.

Tengo la certeza de que el arraigo moral de un futbolista consta de, por lo menos, los siguientes valores: salud, fe, justicia, bondad, paz, equilibrio, compañerismo, respeto, disciplina, perseverancia, responsabilidad, libertad, compromiso, honestidad, lealtad y esfuerzo. Y esto es válido no únicamente en los momentos en que se logra la victoria, sino también en los amargos lapsos en que la derrota fustiga a los futbolistas porque, como dijera el gran poeta neoyorkino Walt Whitman: *"Las batallas se pierden con el mismo ánimo con que se ganan."*

La integridad mental del futbolista oscila de manera peligrosa en la cesta de la fluctuante balanza de la fortuna. Cuando triunfa es objeto de alabanzas y admiración y, cuando pierde, de vituperios, burlas y escarnio. Por tanto, requiere de la templanza moral que le permita enfrentar, como a dos impostores (Rudyard Kipling), tanto las mieles del triunfo como las hieles de la derrota.

No siempre ocurre así. Hay sinnúmero de casos que ejemplifican el derrumbe emocional de un jugador cuando es despedido de un equipo, cuando no le es renovado el contrato o cuando debe transitar de la primera división a una inferior… y en muchas ocasiones, ni eso. Pero también los hay que asumen con gallardía los descalabros y tienen el ánimo de recuperarse para continuar con dignidad en la dura contienda de la vida, consigan o no regresar a los primeros planos del futbol profesional.

Buena parte de los prejuicios sobre el comportamiento de los futbolistas obedece a que las opiniones sobre ellos no toman en cuenta las de los propios jugadores. De manera equívoca, falsa para decirlo sin rodeos, el futbolista todavía es considerado, por lo menos en un importante sector de la población, como un prototipo de incultura, vagancia, vulgaridad, derroche y banalidad. Se les conoce de forma primordial por su gusto hacia la fiesta y materialismo.

Desde el exterior del medio futbolístico los "expertos" opinan en torno de lo que supuestamente piensan y sienten los jugadores, las supuestas razones del menoscabo en su calidad de juego, las cuales atribuyen, con regularidad, a sus "excesos". Más allá de los propios aspectos técnicos, por regla general, se omite reflexionar sobre los enormes sacrificios que deben hacer para ganarse un sitio en la cancha: la constante separación de la familia, la difícil convivencia, el tiempo de recuperación emocional requerido para sanar de una derrota (y a veces de una victoria), de los ataques de la prensa, de los detractores y también de los aduladores. Los extensos periodos con dolores y lesiones, la competitividad y la disciplina cada vez más observada.

Y qué decir de los conflictos derivados de la relación con jugadores, directivos y técnicos de diversas nacionalidades y su carga de costumbres y creencias o de la mezcla por momentos caótica de idiomas. En resumen, de las distintas y en ocasiones contradictorias formas de comprender la vida y, por tanto, de percibir el futbol y su profesión… toda una Torre de Babel pero con límite de extranjeros.

Jugar con la cabeza, pensar con los pies

En este marco de reflexión estoy convencido de que para sobrevivir en el difícil mundo del futbol se requiere una voluntad férrea basada en sólidos valores, además de una gran inteligencia. En consecuencia, tengo la certeza de que el futbol, principalmente el profesional, es un deporte que se juega con la cabeza y se piensa con los pies. Ambas actitudes se relacionan y complementan.

Se requiere, en efecto, tener mucha cabeza para lograr ser futbolista, además de las habilidades y aptitudes genéticas y aprendidas para desarrollar los requerimientos físicos y técnicos. Pero es indispensable potenciar un buen número de valores para desarrollarse dentro de una actividad grupal o en equipo. De acuerdo con la doctora Lourdes Denis Santana:

Se entiende por valor lo que hace que un hombre sea tal, sin lo cual perdería la humanidad o parte de ella. El valor se refiere a una excelencia o a una perfección.

(...) Desde un punto de vista socio–educativo, los valores son considerados referentes, pautas o abstracciones que orientan el comportamiento humano hacia la transformación social y la realización de la persona. (Santana, Lourdes Denis, *Ética y docencia*, Fedupel, Caracas: 2000.)

De lo anterior se infiere que un futbolista tiene necesidad de desarrollar ciertos valores o, de lo contrario, él mismo se segregaría del desempeño de su actividad. También se evidencia que debe reforzar la necesidad de adquirir y depurar valores como característica indispensable de un jugador quien debe convivir, quien debe renovar su pasión por esta actividad día con día, quien debe superar frustraciones, quien debe medir celebraciones. En resumen: el futbol de alto rendimiento requiere de una adecuada formación moral y educativa que a veces se adquiere sobre la marcha.

En el futbol, como en el juego de la vida, el objetivo de los valores es la búsqueda de la felicidad, un concepto inseparable de la libertad. Para Aristóteles la felicidad humana se basa en la autorrealización dentro de un colectivo humano adquirido mediante el ejercicio de la virtud. De acuerdo con el filósofo griego, todos los hombres coinciden en llamar "felicidad" a la unidad presupuesta de los fines humanos, el bien supremo y el fin último.

Al respecto, escribí el siguiente texto intitulado "Libertad y libertinaje" en el cual reflexiono en torno de la felicidad y la libertad:

Uno de los principales objetivos del ser humano, a lo largo de su historia, ha sido la constante búsqueda de la felicidad. Todos hemos buscado la felicidad aun sin saber qué es ni cómo se logra, pero esta inquietud milenaria ha sido acompañada por un término muy subjetivo: la libertad.

La libertad siempre ha sido hija de la voluntad, misma que debe gobernarse por sí misma, no por factores externos; lo que significa, justamente, que es libre. "¿Qué otra cosa es la libertad sino autonomía de la voluntad?" se preguntaba Emmanuel Kant en el siglo XVIII. Al respecto, Enrique Suárez–Íñiguez escribe en *La felicidad:* "Una buena voluntad es una voluntad libre, autónoma. La razón indica qué hacer y la voluntad lo hace".

De la misma forma que una reacción ha sido siempre el parto de toda acción, que cada caída tiene como antecedente una subida y que el llanto y la risa contienen una emoción previa, la libertad produjo, casi de manera inmediata el libertinaje, cuando el desequilibrio apareció. Aristóteles fue el primero que analizó la concepción de que "libre es causa de sí mismo" para indicar que la virtud (libertad) depende de nosotros mismos, lo mismo que el vicio (libertinaje).

A principios de enero de 2000, una fugaz y absurda polémica se pretendió desatar en un diario deportivo respecto a la libertad o el libertinaje vividos durante la gestión del señor Ángel Cappa como director técnico del Atlante. Ociosa polémica que pronto se desvaneció, porque fue como discutir la frontera entre la risa y la carcajada, entre estar alegre y borracho o entre distinguir el punto donde el agua deja de ser tibia para estar caliente. La pregunta incontestable sería: ¿Hasta dónde llega la libertad y dónde comienza el libertinaje? Es, por supuesto, una cuestión de equilibrio.

La subjetividad de este tema radica en el concepto particular asimilado: Nelson Mandela pasó 27 años encarcelado en la Isla de Robben. Pero ni el tiempo, ni la miseria de la prisión le impidieron continuar con su enriquecimiento espiritual y el fortalecimiento de una idea que no aceptó ningún tipo de negociación: terminar con las crueldades diarias del *apartheid,* donde ser negro equivalía a perder la condición humana. Unificar a una nación tan dividida como Sudáfrica fue siempre su propósito, libre o preso; propuesta que vio cristalizada con las primeras elecciones democráticas realizadas en ese país, en las que fue electo presidente.

Otro caso admirable de libertad antagónica fue el de la escritora Gaby Brimmer (1947–2000). Con una parálisis cerebral que solamente le permitía mover el pie izquierdo, "(...) con el cuerpo como cárcel, células y tejidos entreverados que no responden. El cerebro ordena, la mano no obedece..." *(Gaby Brimmer,* de Elena Poniatowska) escogió vivir sus 52 años luchando sin cansancio hasta convertirse en un ejemplo que pronto rebasó a quienes podían valerse por sí mismos. Aprendió a señalar en un tablero, letra por letra, formando las palabras, las ideas, los poemas y los tres libros que publicó, además de la versión fílmica de su autobiografía. Gaby escribió:

> Me gustaría poder decir al final de mi vida, que estuve agradecida de haber vivido y luchado por una causa noble como "la libertad del hombre". Yo que estoy encadenada a esta silla, yo que estoy presa dentro de un cuerpo que no responde...

¿Quién dice que los que presumen de libertad no son presos de sus propias costumbres, modas y caprichos? La libertad también está estrechamente ligada a la obediencia y, de hecho, parece que la libertad solamente se consigue después de pasar por muchas obediencias. Aquel que piensa que la libertad consiste en colmar sus propias complacencias cae irremediablemente en el desequilibrio, que no es otra cosa que el libertinaje. Es decir: todo acto libre conlleva riesgos y provoca consecuencias que pronto pueden ser dañinas para uno mismo o para otros.

En términos futboleros, podríamos decir que un portero tiene libertad de elegir hacia donde reinicia la jugada (cuando tiene el balón en sus manos), a sabiendas de que cualquier decisión tendrá una consecuencia diferente. En la libertad de elección se localiza la obligación de hacerlo. Pero si la decisión es poner el balón en el suelo y conducirlo hasta la portería contraria, esquivando a cada uno de los once rivales, definitivamente haría mal uso de aquella libertad, cometiendo un acto en perjuicio de los otros y caería en el libertinaje que rompe el equilibrio. Montesquieu decía: "La libertad es el derecho de hacer todo lo que las leyes permiten, y si el ciudadano pudiese hacer lo que ellas prohíben, ya no habría libertad, porque los otros tendrían igualmente este poder", lo que conduciría de manera irremediable al libertinaje.

Quizás el prototipo más famoso de la libertad se localice en las aves, de ahí tantos siglos de necedad humana intentando volar. El balón ha sido visto como sinónimo de libertad y la velocidad como un común espejismo de una falsa libertad, puesto que a mayor velocidad, menor control de la libertad.

Dos casos paradójicos de falta de equilibrio acaparaban las páginas de los diarios a principios del año 2000: la exquisita expresión de libertad que Diego Maradona nos regaló siempre en la cancha de futbol, resultó ser la cadena perpetua a que la sociedad le ha sentenciado con su desmedida idolatría. Por otro lado, es curioso, pero el caso de Elián Gonzáles (aquel balserito cubano) es otra paradoja de la libertad: aparentemente todo mundo quiere que el niño goce de una vida libre, intentan escogerle el sitio y la compañía adecuada para su desarrollo pero lo único que logran es coartar la libertad de un niño al que ni siquiera le preguntan su opinión. La revista *Time* lanza la pregunta: "¿Dónde estará Elián González después de esta elección imposible entre libertad y amor?" Con los años hemos comprobado que este niño ha sido un símbolo de la revolución cubana del siglo XXI; sus apariciones en televisión, cinco o seis años más tarde, parecen evidenciar una marcada influencia en su manera de pensar en pro del gobierno castrista.

En definitiva, fue una torpeza de la prensa pretender cargar en ese entonces la maleta del señor Cappa con prendas de libertinaje, y me voy a permitir el apoyo de dos frases, agregándolas a este escrito que libremente he llenado de citas: "La libertad sólo existe cuando no hay abuso de poder" (Miguel Ángel Rodríguez, ex presidente de Costa Rica, en una visita a México). La segunda es un promocional que se transmitía por televisión en ese mismo año de 2000: "Aquí, en TV Azteca, ser libre es tomar con responsabilidad nuestras propias decisiones". Ángel Cappa jamás podría ser acusado con razón de abuso de poder. Y nunca evadió su responsabilidad por los escasos resultados obtenidos.

Entonces, por un lado, tenemos la virtud (libertad) y el vicio (libertinaje), el equilibrio que vienen a ser dos hábitos operativos, uno positivo y el otro negativo; y, por el otro, la voluntad que, según Baruch Spinoza, es "la facultad de afirmar y negar, pero no el deseo". Debido a que el máximo castigo consiste en desprender de la libertad a un hombre, no es extraño que se considere, erróneamente, la disipación de esta cualidad como su máxima expresión, errando, a su vez, en la consecución del ansiado objetivo común de la felicidad.

La búsqueda del equilibrio (emocional, afectivo, intelectual, en el deporte) no debe confundirse con voluntarismo, es decir, hacer añicos el cuerpo al extremo de poner en riesgo la salud y a veces la vida misma, no puede calificarse como virtud. En este sentido, el voluntarismo sería el reverso de las cualidades, un atributo de la idiotez porque oculta el verdadero significado del esfuerzo enmarcado en una escala de valores morales.

Por desgracia, en la vida cotidiana y, sobre todo en algunos medios, se sobrestima este tipo de esfuerzo idiota al extremo de confundirlo con la verdadera valentía, siempre regida por la inteligencia y el temple. No en balde Sun Tzu, en el *Arte de la guerra* advierte que la mayor virtud del guerrero es la cautela.

En el exceso de la sencillez, la recomendación más reiterada de los demagogos o, simplemente de los inconscientes, se resume en la sobada frase "*Echarle ganas*".[1]

Al respecto, con el ánimo de ahondar en las causas de tal sencillez y de sus nefastas consecuencias, a mediados de los noventa escribí el siguiente ensayo intitulado, precisamente, "Échale ganas (¿?)".

> *Échale ganas.* ¿Qué demonios es: *échale ganas?* Dos palabras que escuchamos desde que nacemos: cuando hay que pasar un examen, cuando estamos enfermos, cuando se presenta un problema... siempre el consejo es: *échale ganas.*

---

[1] Fernández Christlieb, Félix, *Guantes Blancos. Las redes del futbol,* Ficticia (Ediciones del futbolista), México 2002.

Si *echar* es arrojar o lanzar y las *ganas* son un deseo con avidez, por lo tanto, el arrojar ese deseo supone simplemente ir al frente, sin precaución, sin orden. Cuando no hay otra cosa que decir, cuando se quiere encerrar un todo cerrándolo a la formación de una frase más compleja, se acciona el automático: *échale ganas*.

Pero *echándole ganas* nadie ha conseguido nada más que desgastarse, porque las ganas por sí solas no tienen análisis, no tienen inteligencia y no tienen estrategia; las ganas son impetuosas, atrabancadas e inconscientes.

¿Pero qué implica *echarle ganas*? ¿Dónde se encuentra el punto entre quién las *echa* y quién no las *echa*?

> *Lo único de que podría jactarme es que le pongo*
> *muchas ganas a lo que hago.*

Ricardo *Finito* López

Y es que cuando nos aconsejan *echarle ganas* ni siquiera lo agradecemos, porque simplemente no nos están aconsejando nada, ¿y por qué hacerle caso a quien nos aconseja *echarle ganas*, si esa persona misma no le está *echando ganas* a su consejo?

Si es el método para lograrlo, no nos indica por dónde empezar; si es a manera de motivación, jamás nos pasa por la cabeza en el momento de la competencia, y si pretende ser un consuelo postfracaso, hay que recordar su nula utilidad en el siguiente compromiso.

...echándole ganas, poniéndole entusiasmo,
pero no es todo en el futbol.

Enrique *Perro* Bermúdez sobre un Monterrey contra Tecos

O sea que Christian Domizzi (aquel impetuoso delantero argentino que militó en Atlas y Pumas en la década de los noventa) debe tener tres estrellitas en las calificaciones del periódico *Esto* cada semana, porque siempre le *echa ganas,* ¿no?

Muchos son los jugadores que siempre le *echan ganas* por consenso, los todo pundonor, los toda entrega. Esos que en cada narración televisiva arrancan la alabanza por medio del micrófono, esos que la porra no duda en reconocer que le echan güevos (así, con g y diéresis en la u), esos que los argentinos llaman "picapiedras". Pero aun ellos necesitan muchos más atributos que el pundonor o la entrega para poder figurar en una alineación profesional.

Se le notan unas ganas bárbaras.

Héctor *Bambino* Veira sobre Luis Hernández

¿Acaso apasionarse no es *echarle ganas*? ¿Acaso el niño que corretea una pelota todo el santo día no le *echa ganas*?

Y si de *ganas* se trata no hay mejor ejemplo que Nacho Ambriz, aunque no lo vemos corriendo incansablemente de lado a lado de la cancha, aunque a veces no aparezca en la alineación. Porque Nacho llegó al Atlante siendo bicampeón, y desde el primer día que se vistió con nuestro escudo, nos recordó que en el futbol se debe comenzar cada día si se quiere lograr algo, porque durante su rehabilitación de rodilla no regaló ni una repetición, ni una serie ni un minuto para regresar a jugar antes de lo previsto, y porque cuando su rueda de la fortuna lo ubica abajo: trabaja, pero cuando lo detiene arriba: trabaja también.

Quien no consigue una meta por no *echarle ganas*, está *echándole ganas* a aquello que lo desplazó, o sea que al fin y al cabo hasta para ir de paso por la vida se necesita *echarle ganas* a no querer hacer nada, que no es nada fácil.

Si nos damos cuenta, en las entrevistas evitamos, en la medida de lo posible, mencionar el échale ganas, porque de antemano sabemos que es una frase sin valor intelectual absoluto; en su lugar utilizamos. "a darle con todo", "el cien por ciento", "mi máximo esfuerzo", "lo mejor de mí", etcétera. Aunque también es común que de pronto uno no sabe cómo salir del cuestionamiento y decide optar por la salida más sencilla: *echarle ganas*.

Espero echarle todos los kilos para hacer
una buena campaña con el Puebla.

Aurelio Rivera

Parece como si en cuestión de consejos o motivaciones lo siempre dicho es lo nunca dicho. Uno siempre recuerda una frase o un consejo trascendente recibidos, pero jamás he sabido de alguien que circule con el *échale ganas* como estandarte.

…Tú hablas con la gente en la calle y no te habla de táctica de fútbol.
¿Qué te dice?… "¡échale ganas!" Échale ganas te dice. ¿Qué es eso?,
no existe. ¿Te das cuenta? Me gustaría sentarme con algunos
de ellos y explicarles.

Sergio *Ratón* Zárate

En síntesis: la pasión y la razón son, o deben ser, el fundamento de los valores morales.

Contravalores: la otra cara de la moneda

El que conoce a otros es sabio, el que se conoce a sí mismo es iluminado. El que gana es poderoso, pero el que se vence a sí mismo es superior.

Lao Tsé

Reconocer las virtudes de los futbolistas no significa, en modo alguno, encubrir sus defectos. Hacerlo sería esconder la realidad y eso conduciría a la reproducción de los vicios y de las lacras que azotan a nuestro deporte. Empero, es imprescindible recurrir al análisis sociológico en virtud de que los valores morales se enmarcan, de manera inevitable, en la organización social y, por ende, en la ideología que les da sustento y les permite reproducirse.

Ninguna actividad humana se desarrolla al margen del contexto social, económico y cultural en que se inscribe. Reflexionar en torno de los valores éticos en el futbol nacional, sin examinar las condiciones en que surgen y se desarrollan, sería tan absurdo como anotar sin arquero y casi sin portería… o "driblar" a la propia sombra.

La esperanza y el desconsuelo, la ambición y la pasividad, la pujanza y el desfallecimiento y la honestidad y la corrupción están marcados por las cartas del comportamiento social al cual, a su vez, lo determinan los intereses de quienes controlan las instituciones públicas y privadas. En consecuencia, los valores éticos también corresponden y responden a las condiciones sociales, económicas y culturales de la comunidad.

Desde su nacimiento, todos los individuos están inmersos en la forma de organización y de actuación de los aparatos ideológicos de Estado. Los sistemas religiosos y escolar, la familia, el orden jurídico, los regímenes político y sindical, el sistema de medios informativos (prensa, radio, televisión) y el cultural.

Como cualquier otra actividad, cabe la reiteración, el futbol en México y en todo el orbe no es un ente aislado de la sociedad. Y, por ende, tampoco de la cultura, ni de la ideología imperante. Con frecuencia es reflejo de las virtudes y los vicios de la sociedad que la enmarca, la cual, algunas veces, lo limita y en otras lo impulsa.

Siendo así, como fenómeno social y cultural en modo alguno puede permanecer al margen de la suma de valores éticos (o del desprecio de éstos) predominantes en las agrupaciones humanas.

En el ámbito internacional, en 2013, la globalización de las relaciones económicas, fenómeno inaugurado en los años ochenta del siglo xx (del cual México ha sido, por desgracia, un ejemplo), ha conseguido imponer, a escala mundial, una ideología basada, de manera primordial, en la ganancia como principal estímulo tanto colectiva como individualmente. De tal forma, la riqueza hoy aparece como *valor* fundamental. Poco importa, de acuerdo con la lógica de este comportamiento, la forma en que se obtenga. Después de todo, la sociedad de libre mercado gira en torno del valor como expresión del intercambio generalizado de equivalentes y de la mercancía, traducidos en expresión y sustento físico del valor.

Es decir, la suma de antivalores: egoísmo, indiferencia, deshonestidad, corrupción…todos ellos se hacen evidentes en buena parte de la República Mexicana. Todos enmarcados en el valor de cambio como expresión idónea del intercambio. Paradojas de la sociedad global: los antivalores éticos son la base ideológica del valor de cambio.

Tal es el marco socioeconómico y cultural que sirve de referencia a los valores éticos en el futbol, un deporte y un espectáculo pero también un negocio que cobija multimillonarios ingresos.

Juego limpio: ¿una utopía?

En una especie de carta de intenciones intitulada "Conceptos éticos y de juego limpio en el deporte: *fair play*", el Comité Olímpico Mexicano señala:

El juego es atributo de la naturaleza humana que se manifiesta a través de toda la existencia. (El juego limpio) Tiene como objetivo esencial el alcance del rendimiento ético y moral que caracteriza a toda forma de juego, sobre cualquier otro recurso que lleve a la resolución de la victoria desprovista del honor, o que vulnere el plano de igualdad prevista por las reglas.

Y añade:

(El juego limpio) Es la expresión sublime y condicionada en el deporte por un gran respeto a sí mismo y entre todos los que configuran en alguna forma el entorno de la competencia deportiva.

(El juego limpio) Es la interpretación del término *fair play* que significa el "juego justo". Es decir, el que tiene como esencia el respeto a las reglas escritas (técnicas) y a las no escritas de carácter ético y moral que en ellas subyacen.

Sin duda, la carta de intenciones del Comité Olímpico Mexicano es digna de alabar, pero resulta insoslayable señalar que las reglas no escritas del juego, aquellas de carácter ético y moral, no corresponden, necesariamente, al juego justo. Así lo comprueban los miles de casos de dopaje registrados en las competencias olímpicas, en campeonatos de toda índole y, desde luego, en el futbol.

Dentro de esta apasionante actividad he constatado que en el futbol de México los valores éticos de los futbolistas imperan sobre los antivalores. Que son mayores los lazos de solidaridad que la discordia y que la generosidad suele sobreponerse al egoísmo. Tales actitudes las atribuyo, como antes señalé, a la esencia del juego: el futbol. Para realizarse como tal, debe integrar, en un mismo objetivo, a los jugadores, quienes saben o deberían saber que el éxito de uno depende del otro. Que no hay táctica sin técnica, ni gran jugador sin compañeros que trabajen con y para él.

En modo alguno intento idealizar a los futbolistas aunque, por supuesto, comprendo las causas de su comportamiento tantas veces incorrecto.

En un mundo regido por la ley de la ganancia, en el cual el valor más importante es el de cambio (la mercancía), el éxito es sobrestimado y el fracaso se castiga al extremo de la infamia. El futbolista se enfrenta, en cada partido, no sólo al equipo adversario y a sus fantasmas personales, sino a todo un sistema de valores que postula al éxito como el único trofeo válido. De acuerdo con esta lógica social, el triunfo debe ser conquistado sin importar cómo se consigue.

El fin justifica los medios

La sociedad se ha descompuesto, incluido el futbol. La ideología de los grandes consorcios locales y trasnacionales permea casi a todos los estratos de la sociedad global. Los negocios ilegales, peor todavía: los de índole criminal, como narcotráfico y trata de personas han roto las barreras de la clandestinidad para asociarse con algunos de los empresarios jurídicamente válidos a través del lavado de dinero, entre otros métodos de complicidad. Todo lo cual no significa, desde luego, que todos los empresarios, ni siquiera la mayoría, se encuentren involucrados en prácticas deshonestas.

Algunos futbolistas, a su vez, obligados a obtener la victoria para no perder primas, sobresueldos y, a veces, jugosos salarios, acosados por la ideología triunfalista y el deterioro social en contra de los perdedores (*losers*), también suelen olvidar sus principios morales para ajustarse a la ideología preponderante. Por lo tanto, acuden a las trampas para ser favorecidos, por ejemplo, con algún penalti inexistente a su favor, anotan con la mano, inventan faltas y, como es bien sabido, se agrede al adversario en la cancha (y a veces fuera de ella), aun a riesgo de lesionarle y poner en riesgo su carrera, de por sí corta como muy pocas.

Algunos jugadores, en este caso los mexicanos, optan por someterse a las reglas de la ideología social hasta olvidar, en ocasiones, la esencia del futbol que, como la de cualquier deporte, consiste, simplemente, en la búsqueda del placer.

Comprendo pero no disculpo tal comportamiento porque al fin y al cabo, como alguna vez escribí en *Guantes Blancos. Las redes del futbol:*

> (…) incluso lejos de cualquier religión, cada individuo es capaz de razonar sin necesidad de un guía espiritual. Hay gran diferencia entre saber de verdad y limitarse a repetir lo que comúnmente se tiene por sabido; uno asume como creencias aquellas certezas que se dan por descontadas hasta el punto de no pensar siquiera en ellas.

Se olvidan, así, los orígenes de la palabra juego, que conlleva el ocio pero, a la par, la idea de diversión y pasatiempo. Suele dejarse de lado que a veces para jugar se requiere un juguete, y que el objetivo primordial de éste es la recreación, aunque también se usa para la formación, aprendizaje y desarrollo de los niños. Y que el juguete es un objeto que se usa de manera individual o en combinación con otros niños, jóvenes o adultos, como el balón de futbol que, cabe subrayar, porque parece haberse olvidado, no es otra cosa que un juguete (el más maravilloso para quienes después probamos el futbol como método de vida), y el juego, un pasatiempo fascinante, sin embargo, sólo un entretenimiento que debería conllevar el regocijo.

El gran escritor uruguayo Eduardo Galeano advierte graves riesgos de olvidar el sentido original del juego, y los señala de manera incomparable:

> Corre, jadeando, por la orilla. A un lado lo esperan los cielos de la gloria; al otro, los abismo de la ruina.
>
> El barrio lo envidia: el jugador profesional se ha salvado de la fábrica o de la oficina, le pagan por divertirse, se sacó la lotería. Y aunque tenga que sudar como una regadera, sin derecho a cansarse ni a equivocarse, él sale en los diarios y en la tele, las radios dicen su nombre, las mujeres suspiran por él y los niños quieren imitarlo. Pero él, que había empezado jugando por el placer de jugar, en las calles de tierra de los suburbios, ahora juega en los estadios por el deber de trabajar y tiene la obligación de ganar o ganar.

Los empresarios lo compran, lo venden, lo prestan: y él se deja llevar a cambio de la promesa de más fama y más dinero. Cuanto más éxito tiene, y más dinero gana, más preso está.

Sometido a disciplina militar, sufre cada día el castigo de los entrenamientos feroces y se somete a los bombardeos de analgésicos y las infiltraciones de cortisona que olvidan el dolor y mienten la salud. Y en las vísperas de los partidos importantes, lo encierran en un campo de concentración donde cumple trabajos forzados, come comidas bobas, se emborracha con agua y duerme solo.

En los otros oficios humanos, el ocaso llega con la vejez, pero el jugador de futbol puede ser viejo a los treinta años. Los músculos se cansan temprano:

—Éste no hace un gol ni con la cancha en bajada.

—¿Éste? Ni aunque le aten las manos al arquero.

O antes de los treinta, si un pelotazo lo desmaya de mal manera, o la mala suerte le revienta un músculo, o una patada le rompe un hueso de esos que no tienen arreglo. Y algún mal día el jugador descubre que se ha jugado la vida de una sola baraja y que el dinero se ha volado y la fama también. La fama, señora fugaz, no le ha dejado ni una cartita de consuelo. ("El jugador", cuento tomado de *El futbol a sol y sombra.)*

En el mismo sentido, me parece pertinente reproducir un artículo de mi autoría[2] escrito hace ya algunos ayeres, porque estoy seguro que evidencia cómo, a partir de presiones sociales, con el tiempo se pierde la capacidad de jugar por el sólo placer de hacerlo:

Cuando el partido estaba más parejo cayó el gol a nuestro favor, el gol del desempate para el Cedros. Los gritos de don Chema desde la banda eran incesantes y más fuertes que de costumbre. Supongo que faltaban pocos minutos y también supongo que derrotábamos a uno de los punteros.

"¡¡¡Cattenaccio!!! ¡¡¡Catenaccio!!!" —era lo único que gritaba nuestro entrenador—. Todos nos volteamos a ver con tremenda in-

---

[2] Fernández Christlieb, Félix, *Guantes Blancos. Las redes del futbol,* Ficticia (Ediciones del futbolista), México, 2002.

terrogación facial, pero continuamos jugando con la misma formación. Nos empataron. Nosotros pensábamos en el juego por encima del resultado y don Chema lo vivía al revés, nada más que mencionó una palabra que significaba un sistema ultradefensivo que nosotros, unos niños de doce años, por un lado jamás habíamos escuchado y, por el otro, no teníamos el menor interés de llevarlo a cabo. En el regaño posterior al juego, el viejo don Chema se comía la gorra de coraje y nosotros aguantábamos la risa.

Ambos defendíamos nuestras convicciones, la diferencia es que había más de sesenta años entre unas y otras. Podían haber sido solamente diez o cinco, tiempo suficiente para dejar de jugar como queríamos para pasar a jugar como debíamos.

En esa época manteníamos la extraordinaria capacidad para soñar. El fetichismo se limitaba al uniforme de juego y a los zapatos; la presión no era otra cosa que la emoción por el Juego (así, con mayúscula) y las consecuencias de cada ilusión terminaban invariablemente con una gran jugada personal.

Jamás olvidaré el día que, estando en una concentración en provincia, escuché (y luego vi) a dos niños jugar en el terreno contiguo al hotel, justo hacia donde daba la ventana de mi habitación: ellos peloteaban, uno siempre era el portero; de pronto, el que hacía las veces de mi colega, para mi total sorpresa, dijo: "¡Paradón de Félix Fernández!". El chavito soñaba con quien se identificaba en ese momento, como los miles de niños que muchos años más tarde, se podían ver con aquellos uniformes multicolores de Jorge Campos ¿¡Qué importa si se ven ridículos!? Lo importante es ser una partecita de la figura, lo importante es el sueño que a los niños se les aplaude y a los adultos se les condena, tachándolos de "agrandados".

¿Pero cuándo y dónde sucedió la castración? ¿Cuándo dejamos de apostar al perder para seguir apostando únicamente cuando el resultado nos favorece?

Es que un día nos forjamos a partir de lo que decían de uno cuando antes lo hacíamos a partir de lo que uno mismo tenía que decir. Un día fuimos conducidos a poner los pies sobre la tierra y, al momento de hacer contacto, se desvanecieron los sueños. Si acaso a estas alturas aparecen, los psicólogos les llaman *visualización*, negándose a aceptar las regresiones que de pronto somos capaces de sentir, cuando en el cuarto del hotel nos aventamos hacia la cama en pos de un balón invisible, cuando por los pasillos del hotel brincamos para descolgar un centro que tiene forma de lámpara, o cuando dominamos en el vestidor una bola de tela adhesiva para *agarrarla de volea* como remate final.

Carlos Alfaro Moreno (un compañero argentino que tuve en el Atlante allá por 1998 y avecindado en Ecuador) era un buen ejemplo del niño aplaudido por soñar y del adulto insultado por visualizar. Durante el calentamiento previo a los partidos no resistía la tentación de tener un balón en los pies sin hacerlo sacudir las redes, con la particularidad de que el argentino festejaba esas anotaciones, extendía los brazos y corría hacia la banda, ignorando por completo las miles de mentadas que recibía en cancha ajena. Lo hacía una y otra vez visualizando (¿o soñando?) el gol que, no dudaba, anotaría minutos después en ese juego.

Un día nos dijeron. "Hay que ser realistas, no más sueños". El problema es que en la realidad existen los fracasos y a partir de ese día debemos tenerlos contemplados en cada misión emprendida; a partir de ese día los errores fueron más trascendentes que los aciertos y la sociedad presenta tipos de 20 o 23 años que se encuentran totalmente derrotados, que sienten que no sirven para nada; porque cuando cayeron, en lugar de ayudarlos a levantarse, la sociedad se subió en ellos.

Honestamente no recuerdo algún error futbolero que haya cometido durante mi infancia. El optimismo de la voluntad (en este caso, infantil) al que se refiere Gramsci, tarde o temprano es pisoteado por el pesimismo de la inteligencia (adulta), también mencionado por el idealista italiano. En resumen, habrá que decirle a cada niño con ilusiones de futbolista profesional que si acaso llega a convertirse en tal, dejará de acordarse más de sus aciertos para recordar primero sus fallas, pero habrá que consolarlo informándole que no es culpa suya.

Tenemos la esperanza de los ciclos y que hacia el final de nuestra producción medular en la vida seamos capaces de recuperar la pureza de nuestras atracciones, de distinguir la emoción en los nervios destruyendo, finalmente, el miedo en el nerviosismo. Nos lo confió el ex Presidente español Felipe González en una visita que realizó a México a principios de 1998: "Suelo decir que por primera vez, en los últimos 35 años, hago casi todo lo que quiero. Antes hacía lo que tenía que hacer, muy pocas veces lo quería. Ahora las cosas han cambiado, y eso me libera, incluso intelectualmente".

En la columna "Futbolteca" publicada el 3 de agosto de 2011, en el diario La Razón, de México, el periodista Jorge Witker refiere con maestría y pasión una historia verídica de amor limpio por el futbol, las desventuras que el fracaso conlleva y las duras penas derivadas de la práctica de este deporte–negocio. Un relato desolador.

En *Un prodigio posible, Letras de Futbol amateur*[3], escrito por el ex futbolista Diego Gaspar, se narra la historia de un amor puro; aquel que brota por el futbol en la infancia y que va perdiendo su ingenuidad y encanto conforme empieza a dejar de ser un espacio lúdico para convertirse apenas en una actividad profesional casi o más vulgar que cualquier otra.

Está escrito con la magia de quien hace del amague mentira creíble y con el dolor de quien es zancadillado antes de impulsar el balón para marcar el gol victorioso y el atropello es ignorado por el árbitro. Derrocha tanta pasión como dolor, primas hermanas en una vida con muertes continuas.

Diego Gaspar narra sus vivencias con apasionante delicadeza y salvaje rencor. Recrea su hermosa y truncada trayectoria futbolística, gloriosa en la intimidad del amateurismo y nostálgica en la brevedad eterna de un fallido y sucio profesionalismo. Octubre de 1991 le entregó, a cuentagotas, orgásmicos goles, y chaparro-

---

[3] Gaspar, Diego, *Un prodigio posible. Letras de futbol amateur,* DGT Equilibrista, México, 2011.

nes de decepción, el sueño que tanto soñamos, jugar en Primera División y para mejor –me fluye el color, por si hiciera falta– con un puma en el pecho. Como varios de sus compañeros, integró al improvisado y juvenil equipo de la UNAM que participó en el hoy desaparecido torneo de Copa, en donde enfrentó a equipos como la UDEG, los Tigres y el Puebla, con la posibilidad de incrustarse como tantas otras generaciones en el primer plantel del equipo estelar para afrontar el campeonato liguero 1991/92. No fue posible, en buena medida, por los caprichos raciales de quien asumió en aquel momento el control del equipo, un tal Ricardo Ferretti, quien le interrumpió el sueño al no cumplir con el perfil de futbolista necesitado y hambriento que el brasileño instaló en su cuadrada cabeza.

Del *Tuca* en el libro hay desahogos y maltratos severos: "Un hombre soberbio, con un castellano pedestre y vano… un idiota convertido en líder prosaico…". Puede hablarse de cierta justicia y de cierto rencor, al fin y al cabo, en esta obra Ferretti es tratado como trató.

No todas son críticas, muchas de ellas certeras, al sistema que ha convertido este hermoso juego en otra cosa, en un trabajo, un lucro, en intereses y egoísmo. Acepta sin tapujos Gaspar, aunque siempre en tercera persona, que para encajar en ese profesionalismo le faltó carácter y reprocha también con profundo sufrimiento, la falta de un apoyo familiar más cercano, que no le animó cuando otros le partían el ánimo a patadas.

Al recordar esos días de futbol, abre puertas que han estado cerradas por mucho tiempo. Espacios reservados no se sabe si para el olvido o para la reconstrucción de una nueva vida cercana otra vez al juego, a sus reflectores, a sus muertos, resurrecciones y a sus prodigios… lo sabe y siente como le sangra el alma ante el dolor de lo irreparable, de lo que pudo haber sido, de esos partidos que nunca jugó y para los que estaba listo, de las jugadas inventadas por su creatividad ahora proscrita y de "los goles imaginados que ya nunca besarían una red ansiosa de orgasmos".

En todo caso, con una frustración irreversible a cuestas, pero con un enamoramiento al deporte a prueba de desdichas, Diego Gaspar entrega en su obra un amague más para evitar que la fantasía de sus pies pereciera ante la marca pegajosa del exilio al que son enviados todos aquellos que quisieron vivir la vida del futbol y se conformaron con soñar esa vida. Ese dolor tan personal como masivo, que invita más al enojo que a la esperanza, pero hay partidos que no pueden ser contados de otra manera.

La terrible experiencia de Diego con uno de los directores técnicos más constantes y exitosos del futbol mexicano, es tan dolorosa como particular. La de un servidor con el "Tuca" siempre fue, quiero dejarlo muy claro, impecable.

En descargo de la codicia que impera en el mundo contemporáneo, cabría recordar que este concepto negativo y otros contravalores, no son propios de nuestra época. La historia pareciera demostrar que son inherentes a la naturaleza de la sociedad humana. No hay remedio: en el juego de contrarios del bien y el mal debemos tomar partido, sí, como en el futbol. Esconderse ante la realidad es la solución de los cobardes y este deporte ha sido construido, a despecho de tanto oportunista que por sus canchas, estadios y oficinas circula, tanto por los osados como por los honestos. De ellos es la gloria.

Sirvan las siguientes sentencias de Lao Tsé, fundador del taoísmo, como remate de este capítulo. Y como prueba de que la suma de contravalores han permeado a las sociedades humanas desde siempre o, para ser *optimistas*, desde casi siempre.

Cuando se abandona el Tao
aparecen la "ética" y la moral".
Con la "verdad" y la "justicia"
surgen los grandes hipócritas.
Cuando no existe armonía entre los parientes,
hablan de "lealtad a la familia" y de "honrar a los padres".
Cuando hay revueltas en el reino,
aparecen el *patriotismo* y el "nacionalismo",
inventando así la fidelidad del buen súbdito.
Cuando el Tao se pierde aparece la falsedad.

Tao Te King (Libro sobre el camino y su poder).

Capítulo 4

Importancia del futbol en la enseñanza

Dios me dio el don de jugar al futbol,
y el resto lo conseguí porque me cuidaba y me preparaba.

Pelé

La mayoría de los pedagogos concuerdan en que la finalidad del verbo "educar" es incitar el desarrollo de capacidades, destrezas y habilidades, así como adquirir conocimientos conceptuales, de procedimiento y actitud, sin olvidar el aprendizaje e incremento de virtudes y valores para relacionarse, de la mejor manera posible, con el entorno natural, social y cultural. En ese sentido, el objetivo de la educación es acrecentar las facultades intelectuales y morales de una persona.

Las manifestaciones de corte racial en los estadios de futbol han generado gran preocupación dentro de la 'familia futbolera', con expresiones que en su momento parecían exclusivas del futbol europeo, pero que, poco a poco, han ido rebasando fronteras y continentes. A principios del 2014, en el estadio Nou Camp de León, Guanajuato, durante el partido entre León y los Pumas, fue posible escuchar a un sector de la porra de Pumas imitar los sonidos de un simio cada vez que los jugadores de raza negra: Franco Arizala y Eisner Loboa tocaban el balón. Reproduzco aquí un artículo mío al respecto:

Racismo y discriminación

Racismo y discriminación son dos palabras que uno no quisiera escuchar como acusación en su contra; no en México, mucho menos en Estados Unidos. Pero desafortunadamente son una realidad que sucede tanto en lo privado como en lo público.

Nos asustamos por lo sucedido en el Nou Camp de León, con esa retrógrada y reprobable manifestación de un sector de la porra Puma, que imitaba el sonido de un mono cada vez que Arizala o Loboa tocaban el balón. Y claro, por supuesto que es necesario atender, investigar y sancionar con todo rigor, pero vayamos un poco más a fondo en este problema que tiene sus orígenes igualmente delicados y quizá ya vistos con toda naturalidad en nuestro país.

En México la discriminación entre clases sociales (y hacia la mujer ¿por qué no decirlo?) es y ha sido terrible desde el tiempo de la Colonia con el sistema de castas. Ya los españoles clasificaban a la sociedad por su color de piel y, más recientemente, la diferencia se establece por la desigualdad económica, en un país donde han nacido once de los hombres más ricos del mundo (quienes atesoran el 10% del PIB de México y una fortuna equivalente al 90% de las reservas del Banco de México) y, en contra parte, cuenta con más de sesenta millones de habitantes que viven en la pobreza y... la discriminación.

El racismo y la discriminación ofrecen la única oportunidad que tiene la gente mediocre de sentirse superior, al menos por un momento, al menos en una tribuna que ofrece anonimato... al menos en un ambiente donde el agresor se siente protegido.

Pero discriminados no solamente son los menos favorecidos en México: los 'güeritos', 'fresas' o 'los de escuela de paga' deben sobreponerse, no nada más a la competencia futbolística de cada equipo profesional, sino a lo que muchos jugadores menos favorecidos socialmente, consideran una invasión de quienes no necesitan el futbol como medio de trabajo, ya sea por tener estudios superiores o por formar parte de una familia adinerada. De esta manera se da un 'bullying' constante, durante mucho tiempo. Como si el futbol profesional fuera exclusivo para las clases bajas. Este tipo de discriminación difícilmente se conoce, porque rara vez es denunciado por los afectados.

La intolerancia es también discriminación, y se manifiesta de manera precisa en un partido de futbol con el simple hecho de rechazar el apoyo de otros aficionados hacia otros colores. Quien discrimina no acepta diferencias y, en lugar de aprender a convivir, embiste y agrede. La desigualdad de trato y la discriminación, son sinónimos.

La discriminación es, sin duda, un fracaso de la democracia en un país donde el problema no es generar riqueza, sino distribuirla; en un país donde el problema no es imitar los sonidos de un simio en el estadio para darse cuenta que existe discriminación y racismo, sino estar acostumbrados a ver cotidianamente la inmensa desigualdad sin confrontar los inmensos privilegios.

Racismo y discriminación son dos palabras que nos alarman, que censuramos y que de inmediato nos hacen reaccionar al conocer que se manifiestan en un estadio contra dos jugadores, deberían causarnos el mismo efecto ante el resto de las discriminaciones que a diario vivimos a nuestro alrededor, pero que nos tienen acostumbrados.

Una semana después de aquel incidente en León, se repitió la agresión, esta vez en Pachuca durante el juego entre los Tuzos y el Atlante, en el que, una ve más, la porra visitante hizo los mismos sonidos para molestar a los ecuatorianos Enner Valencia y Walter Ayoví. Enner se encontraba verdaderamente afectado al término del encuentro:

"Uno viene a buscar un futuro mejor y triunfar, pero bueno estas cosas se pueden encontrar en el camino y hay que ser fuertes para salir adelante, es la primera vez que me pasa eso en mi carrera y es muy triste, ojalá se solucionen las cosas", declaró en la zona mixta Valencia.

En el texto intitulado "Educar con el deporte", preparado para el sesenta aniversario de la Organización de las Naciones Unidas para la Educación, la Ciencia y la Cultura (UNESCO), en 2006, se advierte:

> El deporte está adquiriendo una importancia cada vez mayor en nuestras sociedades y en su desarrollo, convirtiéndose en un fenómeno sociocultural que trasciende el ámbito estricto de las instalaciones deportivas, los estadios y los demás lugares en que se practica.
>
> De hecho, el auge espectacular que ha cobrado el deporte gracias a los medios de comunicación de masa, la popularidad que ha alcanzado, y su consiguiente capacidad para atraer masivamente a aficionados de muy diverso tipo, hacen inevitable que se tenga cada vez más en cuenta su función educativa para difundir los mensajes y propagar los ideales a los que se adhiere la UNESCO.
>
> La Organización promueve la educación física y el deporte, ateniéndose a lo establecido en la Carta Internacional de la Educación Física y el Deporte, que fue adoptada por la Conferencia General en 1978, en el transcurso de su vigésima reunión.
>
> En esa carta se proclama el importante papel que este tipo de educación puede desempeñar, no sólo en el desarrollo cognitivo y físico de los niños y los jóvenes, sino también en el enriquecimiento de la vida de los adultos en el contexto de la educación a lo largo de toda la vida. La educación es un factor esencial del desarrollo y el progreso, y la educación física y el deporte forman parte integrante de la enseñanza de calidad preconizada por el movimiento en pro de la Educación para todos. En efecto, tanto la educación física como el deporte contribuyen a desarrollar las aptitudes "genéricas" y el potencial cognitivo y físico del niño, proporcionándole así las bases necesarias para su plena realización como persona y su bienestar. Los sistemas educativos son elementos básicos de la construcción del bienestar físico y mental del individuo, al que alude la antigua máxima latina *mens sana in corpore sano* ("Una mente sana en un cuerpo sano").

Principios Cívicos Básicos

Otro aspecto educativo, tan importante como la contribución al bienestar físico y mental, es el relativo a los valores que transmite e inculca el deporte, por ejemplo:

- El respeto de las normas.
- La negativa a admitir las trampas para conseguir la victoria a toda costa.
- El respeto del vencedor por el vencido y el reconocimiento, por parte de éste, de que el primero fue mejor.

Estos principios cívicos y democráticos elementales forjan los valores que permiten a las personas vivir juntas en la diversidad, respetando las diferencias.

Me adhiero a la prioridad de tales Principios, a los que de manera implícita aludí en páginas anteriores, y retomo algunas ideas que escribí en el anterior capítulo de este libro, para reiterar la enorme importancia que tiene el deporte en el desarrollo de los individuos.

En tal sentido, el pragmatismo que inculcan las relaciones sociales, la competencia a ultranza, la necesidad de ganar, incluso, a costa de la humillación del adversario y la indigna división de las personas en vencedores y vencidos, propician el olvido del verdadero significado de la felicidad.

En efecto, de manera contraria a la reciente división de los sujetos en ganadores y perdedores (*winners* y *losers*, según los universalizados anglicismos), la palabra felicidad deviene del latín *felix*, cuyo significado es fértil, fecundo. La felicidad es, en consecuencia, el estado emocional que se produce en una persona cuando alcanza una meta, el cual conlleva la paz interna y estimula a conquistar otras metas.

En el medio deportivo mundial, imbuido no sólo por el imperativo de ganar a toda costa, sino por la urgencia de lucrar con los resultados, la pérdida del significado original del deporte parece lógica: la de jugar por el sólo placer de hacerlo. Luego pues, jugar debería conllevar la búsqueda del placer y de la añorada felicidad.

Desafortunadamente, no ocurre así en la mayor parte de los deportes profesionales. Y, desde luego, por las razones antes expuestas, tampoco en el futbol. Sin embargo, por ser este entretenimiento (o espectáculo) un juego de conjunto, está implícito, en su propia naturaleza, la necesidad de que los futbolistas sean solidarios, copartícipes en la consecución de una meta común... lo que mínimamente requiere un equipo.

Ya con anterioridad señalé:

> Un futbolista tiene necesidad de desarrollar valores, o de lo contrario él mismo se segregaría del desempeño de su actividad. También se evidencia que debe reforzar la necesidad de adquirir y depurar valores como característica indispensable de un jugador, quien debe convivir, quien debe renovar su pasión por esta actividad día con día, quien debe superar frustraciones, quien debe medir celebraciones. En resumen: el futbol de alto rendimiento requiere de una adecuada formación moral y educativa.

Evito reflexionar en torno de problemas técnicos y de preparación física en el futbol, sin duda también importantes, porque no son el objetivo primordial de este libro, el cual no pretende sino contribuir a la reflexión sobre los valores de índole ética que deben o deberían derivarse de la práctica futbolística, y tampoco pretendo escribir un tratado de ética en general, pues los hay, y numerosos, de filósofos connotados y sería desatinado ingresar en su terreno.

Eso sí, me he permitido retomar algunas de sus reflexiones para repensarlas y escribirlas en el marco de las actividades futbolísticas con la mira puesta en los valores emanados de la práctica de este deporte.

Con base en mi experiencia, me permito postular una serie de valores positivos que, a mi juicio, son consustanciales a este juego como honestidad, perseverancia, respeto, responsabilidad, compromiso, lealtad, tolerancia, disciplina, cooperación, equilibrio y generosidad. Todos los cuales, en su amalgama perfecta, tienden a lo inalcanzable, pero no por ello son imposibles.

Tampoco pretendo descubrir el hilo negro pero eso sí razonar sobre cuáles son los hilos conductores que nos permitirán franquear los prejuicios que minan este deporte. Y de manera primordial, en los enormes beneficios éticos que se desprenden de la práctica futbolística. Es decir, jugar futbol para educar al jugador con principios morales de observancia universal.

> (Porque) La educación no puede olvidar que su fin es formar personas completas y que, por tanto, debe ayudar al hombre a descubrirse a sí mismo, a aceptar sus propias realidades, a descubrir el entorno social y a comunicarse correctamente con él, a capacitarse para una vida jalonada de frustraciones (…), a estimar a otros a la vida, a descubrir las razones y riquezas de esa vida en el interior de la propia persona y quien lo rodea.

Planteo aquí una reflexión, a mi juicio, muy importante:

> Se trata de superar el concepto tradicional de una educación física centrada exclusivamente en el aspecto físico de la persona, sustituyendo el clásico lema "educación del físico", por el que proclamara Jesse Feiring William en Estados Unidos, "educación a través del físico", lo que hace surgir toda una nueva filosofía de intervención dentro de la educación física, que obligó a reexaminar críticamente las metodologías de enseñanza y a intensificar los esfuerzos para promover conductas morales y éticas en los jóvenes a través de la actividad física y el deporte.[1]

En nuestro caso, postulo la conveniencia moral de sustituir la premisa "educar para el futbol", por la de "educar a través del futbol".

De acuerdo con Pablo Caballero Blanco, la actividad física y el deporte tienen una serie de bondades que los hacen propicio al desarrollo de los valores:

---

[1] *Ibid*

- *Potencian la interacción.* Las actividades provocan muchos momentos de interacción entre alumnos y con el profesor, especialmente beneficiosos para desarrollar la autoestima, la solidaridad o la cooperación.
- *Posibilita el contacto físico.* Permite "tocar" a un compañero, sentir de primera mano cómo se encuentra, intercambiar emociones.
- *Aplicación práctica.* La actividad física y el deporte permiten poner en práctica y experimentar las situaciones, conflictos y formas de actuar relacionadas con los principios teóricos de desarrollo social y personal que hemos podido explicar.
- *Desarrollo del juicio moral.* La interacción social está estrechamente ligada al desarrollo del juicio moral, porque supone enfrentarse a puntos de vista diferentes al de uno, lo que da lugar a conflictos que obligan al individuo a superar su egocentrismo. La actividad física y el deporte favorecen el desarrollo del juicio moral gracias a que ponen en juego situaciones de conflicto durante las actividades, que exigen un acuerdo con los compañeros para llegar a una solución.
- *Permiten la observación de conductas.* Durante las actividades físicas podemos observar aspectos personales del carácter de nuestros alumnos, donde las conductas y actitudes afloran a la luz y dan testimonio de los procesos internos que ocurren en los alumnos.
- *Espejos de nuestras debilidades.* Al ser públicas las conductas, se muestran rápidamente en nuestro entorno las debilidades y vulnerabilidad del carácter de cada uno.
- *Son atractivas de por sí.* Para la mayoría de las personas (especialmente para los niños y adolescentes), la actividad física es una actividad motivante, por el simple hecho de ser distinta a las actividades normales que se desarrollan en el resto del día.

Ejemplos al respecto los hay a granel.

Por mi parte, sostengo que el futbol es un extraordinario vehículo para fomentar actitudes y conductas positivas, para transmitir valores de compañerismo, respeto, esfuerzo, honestidad, sin olvidar que en este deporte también proliferan conductas incorrectas, como las he documentado en capítulos anteriores.

La imitación del modelo profesional ha dado lugar a que numerosos entrenadores, padres, espectadores, directivos y, peor todavía, a que niños y jóvenes reproduzcan actitudes y conductas más propias del futbol profesional que de un futbol educativo (Cruz, 2000; Gutiérrez; 1995, 2006; Trepat). La búsqueda de la victoria a toda costa, y la iniciación cada vez más temprana en el deporte profesional, son también amenazas graves contra el juego limpio y aumentan el deterioro de las actitudes deportivas en la cancha.

El futbol necesita un cambio radical en el cual se reconozca a la formación integral del niño como el aspecto más importante, no los resultados deportivos. Es hora de apostar por el futbol formativo.

Al respecto, Jorge Valdano subraya que el futbol formativo ha sido en la actualidad redescubierto por la sencilla razón de que es un conducto extraordinario para educar a niños y adolescentes. Los pequeños arriban al futbol con sobrada receptividad, con enormes estímulos y enormes deseos de jugar. Por tanto, tienen la mejor disposición de recibir mensajes que no sólo les ayuden a jugar mejor, sino que les permitan, sobre todo, a convertirse en mejores personas.

Al respecto, el doctor Jorge G. Garzarelli[2] advierte, en el apartado intitulado "Normas que regulan la actividad deportiva":

Como toda conducta humana, también el deporte posee normas que regulan su actividad. En este sentido podemos considerar al deportista no sólo como aquella persona que podrá obtener placer en el propio ejercicio del deporte, sino como alguien comprometido con toda su estructura personal. Este compromiso puede adquirir la forma de un contrato que, de hecho, contiene tanto factores morales como afectivos. Los primeros estarán vinculados

[2] Garzarelli Jorge G., *Psicología del deporte* (Parte 1:11. "La ética en el deporte"), en Psicología Online, jorgegarzarelli@hotmail.com

con el cumplimiento de las normas propias del juego y del grupo, mientras que las segundas lo estarán en relación a factores personales depositados en el juego y por la forma en que se sienten afectados cada uno de los miembros del equipo en relación con su capitán, sus compañeros, con el orden de ganar o de perder, con el contrincante (en nuestro concepto el "complementario"), no como enemigo sino como temporal complementario imprescindible para que el juego pueda realizarse aún en el caso que se trate de una sola persona.

El contrincante, un obstáculo a vencer

El "obstáculo a vencer" está conformado por diferentes características del deporte y del deportista. El peso, la gravedad, el volumen, la atmósfera, la resistencia, etcétera son sólo algunos de los elementos propiamente físicos del deporte/deportista. De ninguna manera podría ser de otro modo.

En el deporte, cabe recalcar a pesar de su obviedad, el cuerpo con todos sus atributos y reacciones siempre está presente. Por eso el primer obstáculo a vencer siempre será de orden físico.

Todos sabemos que no es lo mismo el cuerpo del que juega futbol, basquetbol o voleibol, a pesar de que todos ellos se juegan con pelota, o bien del que nada, practica esquí acuático o rema, aunque el agua sea el elemento fundamental; o de quien practica automovilismo o carreras, aunque la velocidad sea su contrincante.

El contrincante será siempre alguien o algo a ser vencido, no a ser odiado.

Las reglas del juego son reglas de vida sobre la que muchas, sino todas las veces, actúan para influir en el bienestar del jugador.

El deporte saludable

La capacidad positiva de la práctica de cualquier deporte adaptada a nuestras posibilidades en un hecho no sólo de beneficio físico, sino saludable en términos psicológicos, sociales, y si se quiere, espirituales.

De aquí que consideremos al compromiso con las normas que regulan la práctica del deporte –sin las cuales se desarticularía y conformaría un híbrido— como un hecho que afecta toda nuestra estructura vital y la mayoría de sus funciones. Como consecuencia inmediata, este cumplimiento del compromiso deportivo interesa a la persona en término de valores saludables.

Toda persona que anhele mejores condiciones de vida, debería incluir dentro de sus posibilidades inmediatas la práctica sistemática de un deporte o actividad física, la que bajo una dirección profesional le garantice los efectos persistentes deseados.

Del equipo profesional

El equipo multidisciplinario básico (profesional de la actividad, entrenador, médico y psicólogo), en los casos de personalidades maduras tanto de jóvenes como de adultos y mayores es cuando la salud física y mental se ve comprometida. En este último caso, el equipo debería estar conformado por mayor cantidad de profesionales especializados. (…) Tanto en la primera situación como en la segunda se halla implícito el cumplimiento de normas que garanticen el eficaz y ético desempeño de los profesionales involucrados.

De todos modos, el compromiso personal, en uno y otro caso, es consigo mismo, con su equipo, con su familia, con sus amigos y su área laboral. Cualquier profesional que anhele pertenecer al deporte deberá conocer, profundamente, no sólo la conformación del mismo, sino su desarrollo.

Integración del deporte a la vida

(…) las reglas del deporte son reglas de vida. La experiencia inmediata muestra que la práctica de una actividad física basada en un disciplinado y ordenado sistema no sólo genera una rápida descompresión personal, sino que provee a cada persona de un sentimiento inmediato de plenitud. Y esto es así desde la antigüedad. Muchos son los filósofos que señalaron la importancia del deporte, aconsejando sobre la integración que el mismo produce en la dualidad humana. *Mens sana in corpore sano* (mente sana en cuerpo sano) es la síntesis más conocida de este pensamiento universal.

Integrar una actividad física a nuestra vida es *per se* un hecho ético con una notable cantidad de beneficios. Si bien algunos de éstos se hallan asociados a factores neuróticos de la personalidad, a réditos económicos o al poder.

Estos factores que podríamos considerar negativos no devienen de la estructura del deporte en sí, sino del uso indebido y antiético del mismo, en parte debido, posiblemente, a las características de personalidad del deportista, que aun a sabiendas de esto se deja involucrar, aunque hay situaciones en las que no es consciente, y en parte a otras personas que lucran y se benefician con el deporte practicado por otros.

No obstante y salvando las distancias, el aspecto económico deberá observarse desde una perspectiva más amplia tal como lo es la institucional, donde el dinero es necesario para su sostén, administración, evolución y progreso.

Tampoco podemos ser tan simples y enjuiciar a aquel deportista que en su vida acceda a posiciones políticas, ya que en la imaginaria pública siempre se espera que si ese deportista tuvo éxito como tal, haga lo propio dignamente en la función pública. Si bien no existe una correlación estrecha entre ser un deportista glorioso y ser un funcionario con éxito, la fantasía global de diversas sociedades así lo admite y así lo necesita pensar.

De hecho, esto señala claramente que la mayoría de las personas suponen que las normas y las reglas del deporte son siempre naturaleza moral positiva.

Quizás a esta altura podría considerarse la posibilidad de que un deportista profesional presente algún estilo de juramento hipocrático, sobre todo cuando él mismo puede llegar a ser modelo con el cual se identifican multitudes de personas de toda condición social, económica y cultural.

Las normas, que siempre han formado parte de toda conducta humana civilizada, ¿por qué habrían de faltar en el deporte? Son su cumplimiento las que le otorgan al deporte esa característica de dignidad que posee y que es posible observar aún hasta en sus aspectos más íntimos.

De este documento destaco varios puntos que a mi juicio son de suma importancia:

1. *Las reglas del deporte son reglas de vida.* Es decir que, como he sostenido en foros públicos y textos de mi autoría, se vive como se juega y se juega como se vive. Una tesis derivada de mi experiencia primero en el futbol amateur y después en el profesional. Mil y una veces he constatado cómo un futbolista sin calidad moral es, asimismo, una persona inmoral. Su comportamiento en la cancha va a la par de su actitud cotidiana a lo largo de la vida. Una actitud que no tiene con su calidad como jugador, aunque sí se refleja en la cancha, por ejemplo, en la falta de solidaridad con los compañeros. Al individualizar el juego, al tratar de destacar sobre el resto del equipo o al acercarse con algún interés personal al director técnico, entre otras prácticas.

2. *Integrar una actividad física a nuestra vida es, por sí mismo, un hecho ético.* En efecto, compenetrarse en un deporte implica, la mayoría de las veces, asumir una actitud ética ante la vida, habida cuenta de que su práctica requiere disciplina y, en el caso de un juego de conjunto, como por ejemplo el futbol, de solidaridad y compañerismo. Empero, cabría reconocer que hay futbolistas carentes de ética cuyo comportamiento en la cancha y fuera de ella se rige por el egoísmo. Su conducta corre en sentido contrario a la esencia del futbol como asociación.

3. *El contrincante será siempre alguien o algo al que debe vencerse, no al que debe odiarse.* El adversario lo es de manera exclusiva mientras transcurre el juego. Y jamás, ni siquiera, durante el partido, se le debe aborrecer. Las gracias máximas del futbol son la caballerosidad y la generosidad con el adversario. Y, en el caso de los derrotados, el reconocimiento a la superioridad, así sea sólo pasajera, del rival.

Las batallas, cito de nueva cuenta a Walt Whitman, se pierden (o deberían perderse) con el mismo ánimo con que se ganan.

De tal modo, inculcar valores en el futbol va de la mano con el empeño de crear las condiciones que le permitan al jugador indagar, descubrir y optar por una elección libre y consciente entre aquellos modelos y expectativas que le puedan conducir a la felicidad. Por tanto, la educación en valores debe influir en niños y jóvenes para que opten por conductas y actitudes coherentes con los principios éticos, de manera tal que las relaciones con los demás (dentro y fuera de la cancha) se fundamenten en valores universales, entre los cuales destaco los ya señalados: honestidad, perseverancia, respeto, responsabilidad, compromiso, lealtad, tolerancia, disciplina, cooperación, equilibrio y generosidad.

A manera de ejemplo de lo antes dicho, enseguida presento algunos casos que permiten ejemplificar cómo los valores (y algunos antivalores) forman parte de la vida futbolística cotidiana. Todos los ensayos, algunos ya publicados, son de mi autoría.

Lealtad

¿Por qué nos da tanto coraje el rechazo de Carlos Vela hacia la Selección Nacional? Las manifestaciones unánimes en contra del atacante mundialista y campeón del mundo Sub 17, llevan una descarga que va más allá de no ver a un extraordinario futbolista mexicano enfundado en la camiseta de nuestra Selección: son el reclamo hacia quien, por un lado se le reconoce como un muy talentoso mexicano, capaz de representarnos con eficiencia, aunque por otra parte sale a flote el rechazo inmediato hacia quien tiene el privilegio de portar nuestros colores, como muy pocos, dentro de la profesión que millones y millones soñaron con desempeñar y no pudieron.

No hay manera de olvidar la primera convocatoria a una Selección Nacional. Es inolvidable porque se mezclan una cantidad tan grande de sensaciones bajo el sentimiento de orgullo, que solamente se repetirán con los colores de la patria.

Quienes estamos dentro del futbol, hemos pasado por las canchas y conocemos el significado de la vida tras el retiro, sabemos que tarde o temprano Vela se arrepentirá de rechazar tal distinción y, lo que es peor, le repercutirá en futuras negociaciones y apariciones.

Platiqué con el representante de Vela tras su primer rechazo, el agente no entendía las razones de su negativa y, según me dijo, trató de convencerle sin éxito de formar parte de la Selección. Desde entonces su representado le dio la espalda a las selecciones nacionales en múltiples ocasiones (una de ellas le privó de colgarse la medalla de oro olímpica). Evidentemente sus conversaciones no surtieron efecto y también es obvio que Carlos Vela no recibió la asesoría correcta ni siquiera para hablar ante los medios de comunicación.

Argumentar como causa del rechazo "motivos personales" y decir "hablaré en un futuro", son dos formas caducas e ineficientes de salir del paso ante una encrucijada. No se acepta en estos tiempos y a ese nivel que un día se establezca como motivo "la necesidad de afianzarse en un equipo" y, una vez afianzado, se atreva a declarar que como "se encuentra en un momento muy bonito de su vida", prefiere no acudir al llamado. Al final de cuentas, seamos claros: lo de Vela enfureció porque es una ofensa al pueblo mexicano que deposita su pasión en ese futbol, que le permitió vivir "un momento muy bonito".

Tiempo atrás, ante la negativa de Vela para asistir a los Juegos Olímpicos, una voz autorizada en la materia, como lo es la de Raúl

Potro Gutiérrez, manifestó en su cuenta de twitter: "La negativa de Vela a la Selección sólo reafirma su atrofia neuronal". Raúl sabe muy bien lo que significa negarse a una convocatoria "por motivos personales" ocultos y no de fuerza mayor: implica mucho más que evitar un viaje largo, sentarse en la banca y afianzarse en un equipo… Implica pensar erróneamente que la Selección Nacional está para servirle y con las reglas que el jugador pretende imponer.

El futbol es una rueda de la fortuna, dice todo mundo. La vida misma es una rueda de la fortuna, sería más preciso decir. Carlos Vela era, en ese tiempo, muy joven para pensar en que la mayor parte de la vida se vive fuera de la plenitud de las canchas profesionales. Algún día, no muy lejano, tras las negativas, necesitará la exposición, el dinero, el prestigio y la competencia que desairó de la Selección Nacional, y reparará entonces, que si bien las personas no son indispensables, las instituciones para las personas sí lo son.

Vela es el primer futbolista de quien tengo conocimiento que no siente pasión por el futbol, que simplemente lo considera su trabajo y pretende hacerlo de la manera menos complicada y desgastante.

El tema fue cerrado por Miguel Herrera, director técnico nacional a principios del 2014, tras reunirse con el atacante cancunense en España y escuchar de viva voz su negativa. Punto final dijeron ambos tras la reunión. Miguel tenía la obligación moral de darle el beneficio de la duda, tal como lo hizo.

El coraje popular por los rechazos del *Bombardero* fue el impedimento de observar a un excelente futbolista, en un excelente nivel, que se desempeña en una extraordinaria liga. Pero cuidado, la afición también recuerda que todo lo que se ganó en aquel excelente 2012 fue conseguido sin Carlos Vela.

Perseverancia

De acuerdo con el historial de Federico Vilar, Felipe Rodríguez, arquero suplente de Morelia en la temporada 2012–13, tenía muy pocas posibilidades de ver acción en un partido de Liga: en siete años y medio (de la jornada 19 del Apertura 2005, hasta la jornada diez del Clausura 2013) Vilar únicamente faltó a dos partidos oficiales del campeonato de liga con Atlante y Morelia. Ambos por una suspensión, tras la jornada ocho del Clausura 2008, en un encuentro ante San Luis en que tres atlantistas vieron la tarjeta roja, mostrada, casualmente, por el mismo árbitro que la noche de aquel viernes le expulsó de nuevo: Paul Enrique Delgadillo.

Felipe Rodríguez, arquero moreliano de 23 años en ese momento, ya sabía lo que era entrar de cambio, frío, tras la expulsión de un compañero y con el reto de atajar el penal señalado; lo de aquel juego ante el América no era novedad, pero tras casi tres años y medio de aquella primera experiencia, su carrera se había convertido, prácticamente, en borrón y cuenta nueva.

Las coincidencias no terminan ahí: en su debut, aquel Torneo Apertura 2009, el portero expulsado de Morelia fue Moisés Muñoz, tras cometer falta al *Chicharito* Hernández, entre el minuto 30 y 35 del primer tiempo; Vilar fue expulsado también en ese lapso. En ninguno de los dos casos su equipo perdió (de hecho ganaron a Chivas en aquella ocasión 3–1). En esa jornada diez del Clausura 2013, el arquero rival, en apenas su tercer partido en la Primera División, fue justamente su primo Moy.

Desde que comenzó a jugar en la Primera División de México, Federico Vilar fue no sólo efectivo, sino muy constante. Mi despedida coincidió con su debut en Atlante, en enero del 2003. Fue casi una negociación que me permitiera estar 19 segundos en el terreno de juego ¡porque ni eso estaba dispuesto a regalar! ¡Jaja! Sus objetivos eran muy claros desde entonces, luego de algunos años de verdadero sufrimiento: trascender y ser el más constante.

Desde que debutó en México, Vilar enterró arqueros suplentes enmohecidos en la banca, uno tras otro tuvieron que buscar nuevas opciones o esperar mientras les aparecen telarañas en los guantes. 188 partidos de inicio consecutivos con dos equipos, no solamente son un record, sino una forma de vida que revela disciplina, eficiencia y perseverancia. Ocupar el puesto de Vilar en la portería parecía tan poco probable como ocupar el mayor cargo de la CTM con Fidel Velásquez, en los años ochenta y noventa del siglo pasado.

Felipe Rodríguez no solamente jugó sus primeros minutos en la Primera División ese torneo, también lo hizo, poco tiempo antes, con la Sub 20 (únicamente había tenido participación en la Copa MX). No tengo duda que participar en el encuentro preliminar fue de mucha utilidad para este joven preseleccionado Sub 23 en 2011. Se vio seguro, confiado y en ritmo de juego durante el tiempo que participó con atinadísimas intervenciones una y otra vez ante el América.

A Felipe lo vimos en la jornada once de ese Torneo Clausura (Jaguares 1 – Morelia 1, Felipe recibió gol de penal al minuto 44 de Luis Gabriel Rey), cuando Morelia visitó a Jaguares. Fue su última participación en mucho tiempo, ya que para la jornada doce Vilar estuvo de regreso. Pero por lo mostrado, Rodríguez nos deja claro que los años que invirtió en su carrera fueron de preparación y de aprendizaje en espera de este momento que ha sabido aprovechar de manera espléndida ante los ojos de todo el país.

Envidia (un antivalor)

Dicen que sólo fracasa quien ha dejado de buscar el triunfo. Y también que los triunfos nacen cuando uno se atreve a comenzar. A reiniciar. A reintentar.

En nuestro futbol, la búsqueda de fracasos y fracasados se ha convertido en disciplina mundialista. La urgencia por etiquetar fracasos llega a tal grado que antes de dar el beneficio de la duda, le permiten al protagonista darse el propio beneficio de su entierro. De esta manera, en caso de autonombrarse fracasado, se le ofrece a cambio un bombardeo más benévolo.

Tras la eliminación de México en la Copa del Mundo Corea–Japón 2002, Manuel Lapuente, director técnico nacional cuatro años antes, calificó el papel del *Tri* como "fracasotote". A partir de ahí, cual frase célebre, la expresión "fracasotote" (eso así: siempre atribuida a Lapuente) se convirtió en un clásico para los futboleros nacionales pero, para su mala fortuna, se convirtió también en un perro de presa que le seguirá mientras continúe dentro del futbol.

Llegó al Atlas Omar Bravo con el cartel de fracaso que, por cierto, no tuvo ningún problema en aceptar por su participación en los anteriores torneos, que contrastaron con aquel goleador centenario que fue en Chivas. Omar no solamente debió cargar con el peso de su poca productividad los años transcurridos y la complejidad que demanda su profesión, sino con el yugo de quienes le desacreditaron por completo.

Los casos de Pumas y Pachuca en su momento, fueron vistos con mayor voracidad: bastó que llegara el cierre de registros para inaugurar la apertura de la crítica en cada resbalón, para estas dos instituciones que apostaron por la gran inversión en busca del éxito inmediato en la temporada 2012–13. Normalmente se pide la cabeza de cada uno de los involucrados, y cuando la cabeza rueda son aquellos que la pidieron quienes se muestran más sorprendidos. Es parte del gozo por el fracaso ajeno.

Lo más curioso es que todo aquel que gusta de señalar fracasos termina sepultado en sus propios señalamientos, tarde o temprano, sólo que la inmensa mayoría de los críticos carecen de publicidad y son prácticamente anónimos. Entre los casos de personas reconocidas se encuentra el del exitosísimo Lapuente, quien tras aquel adjetivo aumentativo vio como Enrique Meza, malogrado antecesor de Aguirre en ese mismo proceso mundialista, festejó el primer título de CONMEBOL obtenido por un equipo mexicano, tras ganar la Copa Sudamericana con el Pachuca. De la misma forma que vio, año con año, el éxito del *Vasco* Aguirre en España, mientras él dirigía, desde un alto puesto directivo, a la versión *Dream Team* del América con Cabañas, Vuoso, *Pipino* Cuevas, Cuauhtémoc Blanco y el *Piojo* López. Un equipo que, al no lograr título alguno, fue devorado por los críticos quienes, por supuesto, no tardaron en señalar a ese América como "fracasotote", sobre todo después de su participación en el Mundial de Clubes.

Se trata de reiniciar y reintentar, con la madurez y el conocimiento necesarios, una nueva búsqueda del éxito. Y extender, asimismo, que siempre existirá quien disfrute del fracaso ajeno. Por lo general, se trata de gente que carga no sólo con el fracaso a cuestas, sino también con la envidia.

Disciplina (contra sometimiento)

"El viajero se acercó a aquel grupo de canteros y preguntó al primero: ¿Qué estás haciendo? Ya ves –respondió–, aquí, sudando como un idiota y esperando a que lleguen las ocho para largarme a casa. ¿Qué es lo que haces tú?, preguntó al segundo. Yo –dijo— estoy aquí ganándome mi pan y el de mis hijos. Y tú, preguntó al tercero, ¿qué haces? Estoy, respondió éste, construyendo una catedral".

Las mismas piedras que para uno son sudor y para otro son pan, son el mejor ejemplo de la diferencia entre disciplina y sometimiento.

El resultado del partido es la frontera entre la disciplina y el sometimiento. Cuando los puntos nos favorecen es más sencillo disfrazar el sometimiento en disciplina, pero cuando el rendimiento es adverso, la nostalgia por la victoria desenmascara el sometimiento que aparentaba disciplina.

No es difícil observarlo, los horarios son un buen parámetro que muestra el interés por la actividad que se realiza: obligación o gusto. El jugador que llega con apenas cinco minutos para cambiarse, el que cinco minutos después de terminada la práctica ya está en la regadera. El que cuenta los días que faltan para cobrar y el que se ve remunerado en cada día de su trabajo. No me cabe en la cabeza, simplemente no me explico cómo un futbolista puede cuestionar tanto el número de repeticiones, la distancia o el tiempo indicado por el preparador físico. ¿Acaso no es un privilegiado que puede llevar a cabo el trabajo que siempre le gustó? El jugador retirado que aparece de vez en cuando por el campo de entrenamiento no tiene forma de quitarse la cara de añoranza por no poder completar ahora los ejercicios que años atrás no concluía. El disciplinado disfruta y el sometido se queja.

La disciplina nos prepara tanto para éxitos como para fracasos, nos resalta el sentido de las cosas sobre las cosas mismas. El disciplinado está consciente de que el triunfo obtenido es producto de una labor dedicada y de un conjunto de detalles cuidados cada minuto; el sometido piensa en el premio ganado al momento del silbatazo final y en que falta una semana menos para las vacaciones. El primero entiende las adversidades porque ha aprendido a disecarlas, el segundo culpa a las circunstancias externas y maldice el clima, el estado de la cancha o la decisión arbitral. El sometimiento crea desinterés por lo verdaderamente esencial: voluntad, coraje y lucha. Los logros obtenidos a través de un sometimiento son pasajeros, los de la disciplina, inmortales.

Leo el testimonio del alpinista mexicano Hugo Rodríguez Barroso en su libro: *Everest, la voluntad a prueba*, y compruebo que la disciplina no sólo lo llevó a la cumbre, sino que también le salvó la vida de manera increíble al pasar 34 horas a más de 8 mil 500 metros de altura y 40 grados centígrados bajo cero; sin tienda, sin bolsa de dormir, sin oxígeno, sin agua y sin comida cuando descendía solo de la cima del Everest. "Toqué el techo del mundo. Había convivido con Dios. Gracias por tan altísimo honor" escribió luego de haber convivido también con la muerte. Y es que a Hugo nadie le dijo que debía entrenar cada día durante más de dos años si quería contemplar unos minutos el mundo desde su parte más alta, ni tampoco cruzó nadando los 55 kilómetros del Canal de la Mancha para obtener el beneficio de alguien más. ¿Hay mejor prueba del amor serio por la tarea propia? Ceder tiempo, dedicación y energía sin cederse a sí mismo, simplemente es no ceder nada.

A veces la indisciplina llega a confundirse con la broma o el relajamiento. Puede ser. Pero en ocasiones quien aparece en el papel como indisciplinado, puede resultar ser todo lo contrario, porque ha marcado sus propios patrones y basa su eficiencia en la actividad de su "yo". Si su método para lograr las metas propuestas se basa en cierto desmadre en momentos aparentemente poco propicios, entonces nos referimos a un desmadroso disciplinado, aunque él mismo no lo sepa, aunque parezca lo contrario.

El disciplinado encuentra en cada comida el placer de los platillos, de los sabores y de la plática, el sometido come para llenarse sin importar siquiera la temperatura de la sopa o el aderezo de la ensalada. Puedo leer innumerables veces un mismo texto que me apasiona porque cada vez encuentro diferentes reflexiones, porque aunque tenga pleno conocimiento de él, me sigue preparando, me interroga, me ejercita.

Estoy convencido de que la misión que tengo encomendada es construir catedrales cada día que acudo a entrenar; descubro en el mismo pasto, en el mismo balón y en la misma gente, razones para gozar una buena atajada, para interactuar con mis compañeros y para ducharme con la satisfacción de que hoy también realicé mi trabajo disciplinadamente, porque lo gocé, independientemente de la situación laboral que ocupé. Desgraciadamente, siempre tendremos canteros a nuestro alrededor que sólo esperan la hora de largarse a casa. El obispo Fulton Sheen lo escribió hace muchos años: "Por encima de la disciplina pasiva externa, existe la disciplina activa. No existe maldad del corazón tan potente que no pueda ser subyugada por la disciplina".

Tolerancia (no conformismo)

No hay nada más incómodo que permanecer en un lugar donde a uno no lo quieren, o donde no se quiere estar. Dicen que quien no encuentra un porqué tampoco encontrará un cómo.

¿Recuerda usted a ese excelente lateral izquierdo argentino Horacio Humoller? Hace muchos años, en la temporada 1997–98, tras una sobresaliente campaña anterior Horacio quedó fuera del plantel del Atlante luego de una decisión de último minuto, en la que el yugoslavo Vlada Stocic ocupó su plaza de extranjero. Debido a que fue tan afectado por tal decisión, a Humoller se le ofreció el pago íntegro de su (muy buen) salario y la posibilidad de permanecer entrenando con el equipo durante todo el torneo, pero sin jugar.

En algún momento aparecen por fin las inconformidades, las manifestaciones públicas de algunos jugadores de renombre quienes, por decisiones técnicas, no tienen los minutos deseados en sus equipos. No es un desacato ni una violación a la intimidad del plantel que su situación es desesperante, más bien es una muestra de actitud ganadora y nada conformista, mientras no pierdan el espíritu y la actitud colectivas que requiere todo equipo.

De acuerdo con Fernando Savater: "Lo que cuenta para determinar el sentido de algo es la intención que lo anima… Lo propio del sentido de algo es que remite intencionalmente a otra cosa que a sí mismo: a los propósitos conscientes del sujeto, a sus instintos, en último término a la autoconservación, autorregulación y propagación…"

En un principio, Humoller no parecía muy golpeado anímicamente y llegaba al entrenamiento con gran disposición y humor, con el lado bueno de las cosas como estandarte por días y hasta semanas, pero paulatinamente su lenguaje corporal fue cambiando, su tiempo de estancia en las instalaciones disminuyó y su buen humor de manera gradual desapareció. Horacio y yo éramos muy amigos, la relación tendió al distanciamiento y su refugio ante tal situación fueron sus hijos. Después de todo su situación no se debió a indisciplina o baja de juego; la reflexión sobre lo ocurrido fue carcomiendo ese sello de garantía que siempre tuvo como profesional y, aunque nunca llegó tarde ni cometió falta alguna, la inactividad terminó por imponerse y explotó: fue incapaz de finalizar el torneo y llegó a un arreglo con la directiva para no lacerarse más día tras día.

En el momento que la actitud conformista se apoderó de Horacio Humoller, fue incapaz de regresar al entrenamiento porque no tenía posibilidad de competir. La familia no fue razón suficiente, ni el salario puntual y jugoso, ni los fines de semana libres. No, porque en los futbolistas existe una personalidad y una energía que solamente puede canalizarse mediante la competencia y los retos. Por lo mismo, si no hay intención que anime, ni posibilidad de propagar el talento, no hay intención de permanecer y el cambio es necesario.

Honestidad (y deshonestidad)

La virilidad del futbol impide aceptar la existente disparidad de fuerzas físicas en organismos que ostentan diferencias de veinte centímetros o de veinte kilos. El respeto se ha impuesto a base de fuerza desde que un hombre tuvo hambre y no tenía comida para dar origen al poder y dejar de lado el diálogo.

La superación física en la cancha sólo puede encontrar resguardo en un silbatazo a favor cuando el talento no le favorece; pero cuando *David* le pasa el balón a *Goliat* entre las piernas, entonces no hay quien sea capaz de proteger semejante burla. "En alguna medida (en gran medida) el futbolista virtuoso es fruto de la compensación de muchas carencias físicas, y precisamente por eso ha tenido que agudizar su ingenio". Jorge Valdano.

A veces no hay ni tiempo ni ganas para explicaciones ni convencimientos, la represión otorga respuestas si alguien las pide, aunque el tiempo aporte cada vez más preguntas. Tal es el caso de las abiertas heridas que se produjeron hace décadas en Tlatelolco y que hoy abarcan planas de indignación y declaraciones sin conclusión. Y como a veces no hay intención ni tiempo para negociar, vemos en ocasiones, en el campo de juego, situaciones que por falta de lucidez o inteligencia del momento nos llevan a utilizar la fuerza como remedio.

¿Has observado la reacción inmediata de los jugadores del equipo que acaba de conseguir un gol, pero que no es suficiente para empatar? Es inequívoca: quienes se localizan más cerca de la portería recién vulnerada se lanzan en pos del balón como si por rebasar la línea de gol consiguieran un contrato por diez años con el Real Madrid. Los cuatro chavitos alrededor de la cancha toman asiento en el balón que sostienen para ver la captura sin cordura de un objeto que ellos están en la mejor disposición de ceder, basta que alguien lo pida.

Parece como si la batalla tuviera como fin imponer la fuerza más que obtener el balón, pues he visto jugadores que al momento de que se anota un gol se encuentran ubicados en la línea de banda, a cinco metros del recogebalones, y salen disparados hacia el tumulto. Además, aunque obtengan el efímero trofeo, no obligarán a que se reanude el partido más rápido que la voluntad del rival (y del árbitro), con el agregado de que, por lo general, alguien se llevó como premio una tarjeta amarilla. Ya lo dijo Louis Van Gaal: "El espíritu es más fuerte que el cuerpo".

Pongamos otra situación muy común en las canchas: Se ha marcado un penalti dudoso, parece que el árbitro cayó en la trampa y creyó ver una patada que en realidad no existió. Sí, ha sido engañado. Mientras una buena cantidad de jugadores afectados reclaman la injusticia, una buena cantidad de jugadores del equipo favorecido felicitan al *mago del ilusionismo,* menos uno: el encargado de cobrar la falta, el responsable de culminar la obra del *ilusionista.*

El jugador que tiró el mordido anzuelo debe, ahora, ser cómplice del que ya está siendo decapitado en el palco de transmisiones; debe fingir que no solamente lo golpearon, sino que fue tan duro que no le permite levantarse. "Hay que potenciar el futbol y la honestidad. Si uno no me empuja, no me dejo caer". Johan Cruyff.

Allá por 1995 jugábamos en Toluca y, como casi siempre, otra vez perdíamos. Guillermo Cantú se metió al área recortando a un rival, le salió el último defensa central, quien lo tocó discretamente. Mi compañero atlantista perdió el balón pero ni se tiró ni reclamó. Quizá esto fue precisamente lo que le simpatizó al árbitro, quien señaló penalti. Lo más sorprendente fue que nadie del Toluca reclamó, muy probablemente porque ganaban por considerable ventaja. Es la única vez que recuerdo una generosidad arbitral así, a sabiendas de que la complicidad del atacante fauleado estaba descartada y había beneficiado al equipo visitante.

Lo cierto es que nos debemos poner de acuerdo si somos tan frágiles para salir en camilla luego de un faul invisible con grito de fractura incluido, o si somos capaces de lidiarnos a golpes contra media docena de contrincantes para obtener un innecesario balón dentro de la portería. No. Con ninguno de ellos estoy de acuerdo. Ni con el peleonero ni con el teatrero, que curiosamente por lo general son el mismo. Y es que se vive como se juega y se juega como se vive. Por eso no necesitamos ni ejemplos de agresividad ni motivos para engañar, tenemos suficiente con los que nos rodean.

Tenacidad

Entre la gran cantidad de valores que los seres humanos somos capaces de desarrollar, la tenacidad ocupa un lugar determinante para alcanzar cualquier objetivo trazado y cualquier sueño imaginado.

Nada de lo que nos rodea ha sido posible sin tenacidad. Quien diseña nuestra ropa, quien hace los pupitres, quien pega los tabiques y quien prepara nuestra comida. Todo ha sido posible gracias a la tenacidad de las personas.

También la felicidad y el éxito se basan en la tenacidad. Porque disfrutamos al jugar gracias a la conquista de pequeñas metas que nos pide el juego, y que juntas hacen posible la sensación del éxito. Pero éste se desvanece si no lo renovamos contantemente, porque son simples estaciones en ese larguísimo camino llamado vida.

El futbol es una excelente forma de mostrar la felicidad, y los niños expresan ese incontrolable sentimiento cada vez que lo juegan. Porque llamamos felicidad a lo que queremos, y para alcanzar lo que queremos es necesario un esfuerzo constante que se llama tenacidad.

Todos los futbolistas crecimos dispuestos a renovar la felicidad y nunca tuvimos la intención de dejarla ir. Así que nuestra tenacidad para recuperar el balón cada vez que lo perdíamos, para levantarnos cada vez que nos tiraban y para detener cada disparo que nos enviaban, hizo posible que nos convirtiéramos en futbolistas profesionales.

Todos seguimos caminos diferentes, pero siempre pensamos en el mismo destino. Por eso no importaba si usábamos zapatos de piel o tacos de plástico, si jugábamos en tierra o en pasto, si pateábamos una pelota o una lata o si teníamos o no guantes de portero. La tenacidad nos ayudó a cumplir ese sueño que nos ocupaba cada día, sin importar los medios.

Pero ningún éxito ha sido posible sin antes sufrir varios fracasos. Por ejemplo: el hondureño Carlos Pavón siempre soñó con jugar en el Olimpia de Honduras. Dejó a su familia para ir a la capital, Tegucigalpa, a cumplir su meta, pero durante tres meses sólo recibió malos tratos y rechazos, por lo que regresó a San Pedro Sula a probarse con el Real España, equipo con el que conquistó todos y cada uno de los títulos posibles en su país. La tenacidad pasa sobre las desilusiones. Por eso Walt Disney no se dio por vencido a pesar de que fue despedido de un periódico por carecer de ideas, aunque años más tarde construyó Disneylandia. Por eso Richard Bach, autor de *Juan Salvador Gaviota*, ha sido capaz de vender 7 millones de copias de su libro, después de que fue rechazado por 18 casas editoriales. Y así como la historia de todos ellos, cada uno de nosotros tuvimos que cruzar infinidad de adversidades para poder representar hoy a este gran equipo, y cada uno de ustedes tendrá que hacerlo antes de que consigan triunfar.

Se dice que 90 por ciento de nuestros fracasos son por falta de tenacidad. La naturaleza nos ha dado a todos cualidades para desarrollar diferentes actividades en el deporte, en el arte, en el estudio, en el servicio, etcétera. Es labor de cada uno reunir los elementos para llevar a cabo la misión que le corresponde desempeñar en la vida, es labor de nosotros decirles que vale la pena el esfuerzo, y que si la competencia es cada vez mayor, también lo es la capacidad y preparación de las generaciones que ustedes representan. Lo importante no es la felicidad, sino ser dignos de la felicidad, y todos los niños del mundo son dignos de la felicidad porque, para empezar, tienen el valor indispensable de la tenacidad dentro.

Temor (que se convierte en valentía)

Aquel miércoles de abril jugábamos el primer partido de cuartos de final contra el Toluca. Mi condición de suplente me permitía salir a la cancha un rato a tomar notas previas al encuentro. Recorrí toda la cancha del Estadio Azteca y me senté recargado en los letreros, detrás de la portería. Todos los jugadores que salieron a la cancha no rebasaron la línea de medio campo, salvo uno: Mario Albarrán. El arquero de Toluca revisaba cada metro de pasto, y cuando llegó al área grande, cada centímetro. Porque sabía perfectamente que algo sucedería ahí, pero no sabía qué. Me llamo mucho la atención su semblante: era la expresión viva del temor. Lo saludé con palabras y me respondió con los ojos, su prioridad era lograr cierta relación con los pocos agujeros del campo y con la portería, no con un rival.

Todos los que vimos a Albarrán en esos minutos mencionamos lo mismo mientras nos cambiábamos en el vestidor: "¡Hay que tirarle al portero! ¡Está cagadísimo!…" Y sí, durante el partido lo llevaron a cabo, pero el portero era una fiera; nada más había que verlo con aquella expresión, Mario dio un partidazo sin el menor titubeo. ¿Dónde quedó todo ese temor tan evidente?

No muy amplio, pero sí preciso es el glosario de palabras prohibidas en el hechizante mundo profesional del futbol. Derrota, desconfianza, presión, nervios, miedos y temores son algunos ejemplos. No sólo nadie exenta las mencionadas asignaturas, sino que todos presentamos examen a menudo. Entre el contagio y la experiencia propia, agregamos éstos y más elementos negativos a nuestra actividad. Parecería que dentro de un equipo de futbol estas manifestaciones no son propias de un ser humano. Por eso nadie se atreve a mencionarlas.

¿Ha usted observado con detenimiento las expresiones de los jugadores en la foto previa a cada encuentro? No me diga que no localiza varios de esos sentimientos en los once rostros de la alineación.

Puede parecer contradictorio que nos atemorice realizar lo que mejor sabemos hacer; pero también son opuestas las reacciones que provoca: paraliza o acelera. Como también contrastan las famosas "meadas del miedo" con la boca que va secándose a medida que se acerca el evento. En realidad el temor es el producto final de un proceso que comenzó con la incertidumbre y pasó por la tensión y los nervios, para convertirse en la escala inmediata que es la presión. Intentamos trivalizar el compromiso para disminuir el fuerte desgaste emocional, o de plano nos entregamos a las plegarias.

Hay estadios que provocan temor y hay jugadores que producen temor, que no le cuenten. Uno siempre se imagina el escenario y el rival mucho más complejos de lo que en realidad son, porque les damos reconocimiento. Pero sentirnos capaces nos produce reconocimiento también, y esa capacidad nos cubre con las primeras intervenciones acertadas. Si nosotros mismos no nos ofrecemos reconocimiento, nadie más nos lo dará. Para que el vecino, el periodista y el aficionado reconozcan nuestra capacidad, tuvieron que haber sido necesariamente contagiados por el valor que nos damos nosotros mismos.

Es en el vestidor, en ese recinto (que cada vez resulta menos íntimo, ¡carajo!), donde mostramos nuestras angustias, nuestros temores (y miedos) o nuestro nerviosismo. Donde todos respiramos lo que nadie menciona. Rituales van, inquietudes vienen. Por eso es intolerable la presencia, en el vestidor, de la prensa o de cualquier individuo ajeno antes de salir a la cancha. Cada uno tiene su estrategia personal para transformar esas incómodas sensaciones en rendimiento. Winston Churchill (gran orador) era presa del temor cada vez que se paraba frente a una multitud, pero eliminaba tal sensación al imaginar que cada uno de los presentes tenía un agujero en el calcetín, así lograba ubicarse por encima de su auditorio y hablarle con absoluta seguridad. Curioso resulta saber que el temor número uno en el mundo es, precisamente, el hablar en público (el temor a la muerte ocupa el cuarto lugar).

Aunque temor y miedo aparezcan en el diccionario como sinónimos, lo cierto es que cada persona tiene la facultad de ubicarlos en una escala muy particular para enfrentarlos. Y tiene absoluta validez si coloco al miedo como una sensación mucho más fuerte que el temor: Yo considero que el *miedo* nos hace huir o rehusar ante el riesgo o el peligro (estímulo identificado); mientras que el *temor* produce angustia ante la proximidad de un daño real o imaginario (estímulo no identificado), de que suceda una cosa contraria a lo deseado. El miedo complica mucho el enfrentamiento; el temor otorga la posibilidad. La gran mayoría de las veces nos mostramos a todo el estadio con los brazos en alto a la mitad de la cancha como forma de presentación antes del partido, pero hay ocasiones que saltó a la cancha un elemento con miedo. Tampoco es para alarmarse, absolutamente todos hemos sido presa de esa horrible sensación alguna vez. No hay nada malo en sentir temores (ni miedos), lo verdaderamente importante es la manera de enfrentarlos. Y, seguramente usted lo ha comprobado, hay pocos sentimientos tan satisfactorios como haber sido capaz de enfrentar un temor (o un miedo) y haberlo vencido, nuestra autoestima se levanta de manera sorprendente debido a que "nos quitamos un peso de encima".

Aquella tarde de primavera, Mario Albarrán sabía que su rival más peligroso era él mismo, pero no intentaba eliminarlo, sino que aprendió a convivir con él y era capaz de enfrentar el partido con más tranquilidad al momento de su inicio; sabía que si destruía ese rival interno, le resultaría contraproducente. Porque nadie puede negar que ser seguro no significa no tener inseguridades, ni tampoco ser valiente significa no temer.

"Todo problema es nocivo al hombre en cuanto lo inmoviliza; a la inversa, todo problema es excelente cuando forma parte de su marcha." Eduardo Mallea.

Honestidad y coraje

El tema merece una reflexión más profunda de las comúnmente publicadas. ¿Cómo es que dos acciones tan aparentemente opuestas llegan a ser reprobadas por igual? Las noticias negativas atraen el interés de la gente: si alguien es mordido por un perro se comenta, pero nadie menciona a los millones que cuidan, alimentan, educan y pasean a sus perros. Si se habla del daño que produce la marihuana, que también se hable de sus propiedades curativas; si se habla del alcoholismo, que se mencionen sus beneficios arteriales... si se habló de ofrecimientos para perder, se supone que debía hablarse de ofrecimientos para ganar, considerándolo siempre bajo una acción honesta.

"Honestidad valiente" prometía Andrés Manuel López Obrador en su campaña para jefe de gobierno del Distrito Federal en su momento. ¿Por qué tuvo que agregar el adjetivo valiente? La pregunta me salta cuando, pese a lo subjetivo de este valor moral que es la honestidad, nadie duda en ponerla en práctica y todo mundo está de acuerdo en que su definición refiere siempre a la compostura, la decencia y la moderación en las personas y en las conductas. Pero, por alguna "extraña" razón, el ejercicio de la honestidad requiere de valentía.

Desempolvo mi razonamiento acerca de la honestidad al escuchar tantas opiniones encontradas; por supuesto, como consecuencia, lo hago también tomando en cuenta la corrupción. No aprendí a reflexionar por mí mismo, lo adquirí con la comunicación y la confrontación. Como escribe Savater. "Toda razón es fundamentalmente conversación". Es decir, si he adquirido un valor (o por lo menos la claridad de su concepto), es porque la familia y la escuela, siendo las empresas más importantes del hombre, como empresas de comunicación, me lo inculcaron.

Para el psiquiatra Viktor Frankl existen tres clases de valores: Los creativos, los vivenciales y los de actitud. Estos últimos son los que considera más importantes. Se refiere a nuestra actitud ante sucesos irremediables, son la libertad última de nuestra decisión ante cada acontecimiento, por más que limite nuestro campo de acción físico. En un pasaje de *El Quijote*, de Cervantes, Sancho dice: "Pues esa vez, señor, me encerraron y me dijo el juez: aquí se queda usted y aquí se duerme. A lo que yo le respondí: que aquí me quede pues ni modo, que me duerma... es cosa mía".

Dentro de una prisión, como Sancho, o en un campo de concentración, en uno de los cuales estuvo recluido Frankl cuatro años, o ante una tentación económica, existe siempre la posibilidad de decidir mental y espiritualmente, para conservar la dignidad personal, si se ponen en práctica aquellos valores y el resultado es una decisión individual que nadie puede arrebatar.

Si hablamos de un valor moral, como la honestidad, no podemos deslindar a los demás valores (morales), pues todos tienen como fin objetivo el bien, como fin subjetivo la felicidad y como actividad las virtudes humanas; todos ellos bajo la intervención de una libertad dirigida por la recta razón para satisfacer la autorrealización.

Los valores morales, los principios o las virtudes se mantienen en una actitud aceptada desde el interior y buscan formar a un hombre íntegro, que no es otro que aquel que se mantiene fiel a sus propios principios. La integridad nos exige amar a la verdad, ordena nuestros pensamientos, nuestras palabras y nuestros actos. Toma muchos años construir nuestra integridad y puede tomar unos segundos destruirla si se vende un solo principio. El poder, el prestigio, la popularidad, el miedo y el dinero han sido desde siempre los motivos más fuertes en la venta de principios (basta recordar que Judas vendió a Cristo por 30 monedas de plata). La integridad es evaluada por nuestra conciencia, que puede tranquilamente ser corrompida y radicalmente cambiada, como se muestra en aquella excelente película de Luis Estrada titulada *La ley de Herodes*.

Alguna vez un profesor nos contaba una vieja fábula que se me quedó muy grabada: Trataba de un chavo que escondió bajo su camisa una zorra que había robado. Negaba que la hubiera robado, y mientras eso hacía, la zorra le devoraba las entrañas. El mensaje, nos decía el maestro, era que no hay nada oculto que no llegue a revelarse; es decir, se puede negar la corrupción, pero no los efectos de ésta.

Parece que a lo largo de la historia todos los principios han salido perdiendo cuando existe dinero de por medio. La separación entre el bien y el mal con un billete en las manos ha sido extremadamente complicada, por eso dos resultantes completamente opuestos, como son ganar y perder, logran unirse por un eslabón económico. Definitivamente, el problema no es tomar dinero por ganar, el asunto medular es la voracidad ocasionada por el dinero que obliga a prohibir una acción honesta bajo el riesgo inminente de la corrupción.

Por tanto, debemos estar de acuerdo con López Obrador, en el sentido de que para ejercer la honestidad hace falta valentía, mucha valentía. Indicador de que existe honestidad en un futbolista, es algo tan simple como hacer la tarea diaria con el máximo esfuerzo, al fin y al cabo es lo que se espera de nosotros y por lo que nos hemos comprometido.

Disiento de la opinión del doctor Jorge G. Garzarelli, cuando postula que debe ser considerada la posibilidad de que "un deportista profesional presente algún estilo de juramento hipocrático, sobre todo cuando él mismo puede llegar a ser modelo con el cual se identifican multitudes de toda condición social, económica y cultural".

Difiero porque estoy convencido de que no es a través de un juramento como puede obligarse a cumplir con los principios éticos en el futbol. Porque éstos sólo pueden adquirir carta de permanencia cuando los jugadores están convencidos de que actuar con base en principios morales es lo mejor para ellos y su equipo. Cuando se convenzan de que la solidaridad es mejor que el egoísmo. Y que el camino a la felicidad es el respeto a sí mismos y a los demás.

Retomo la sentencia de Christopher Reeve. "Cuando hago el bien me siento bien. Cuando hago el mal, me siento mal". Porque, como subrayé en el primer párrafo del capítulo 3, revela el principio intrínseco de los actos moralmente justos. Obrar con corrección, con apego a principios éticos, conlleva el beneficio de la satisfacción propia.

A manera de conclusión de este apartado, me permito recordar las reglas que deben seguirse, según Sven–Goran Eriksson, otrora entrenador de Inglaterra en la Copa del Mundo Alemania 2006 (y de México brevemente), para que un equipo de futbol sea eficiente, éstas toman en cuenta tanto los principios de honestidad y compañerismo, como los requerimientos técnicos:

1. Visión compartida.
2. Metas claras y definidas que tengan que ver con la visión.
3. Miembros que comparten su comprensión de la estrategia y táctica.
4. Una gran disciplina interior (significa que actúan profesionalmente juntos).
5. Jugadores con características que se complementan.
6. Buena división de roles entre los jugadores, donde todos son tratados como iguales.
7. Jugadores que piensan y ponen su esfuerzo en el bien común antes que en sus propios intereses.
8. Jugadores que toman la responsabilidad por el equipo como un todo, donde todos aceptan los errores porque saben que cada uno pone lo mejor que tiene.

"Hay que potenciar el futbol y la honestidad. Si uno no me empuja, no me deja caer", sostiene Johan Cruyff. En efecto, una trampa puede ser la manera más rápida de alcanzar el éxito pero también la más vergonzosa.

Capítulo 5

Futbol, modelo para inculcar valores éticos

"El secreto de la felicidad no está en hacer siempre lo que se quiere,
si no en querer siempre lo que se hace".

León Tolstói

Hoy, a partir de la caída del Muro de Berlín en 1989, que marca el triunfo del sistema socioeconómico capitalista sobre el socialismo, el cual postulaba que la justicia social debería ser el eje del desarrollo, se ha implantado la ideología del equívocamente llamado libre mercado en su vertiente del neoliberalismo, que postula la competencia como la mayor virtud social. Un sistema al que se ha denominado, con sobrada razón, "capitalismo salvaje".

Desde luego, no se alaba aquí el socialismo real que imperó, por ejemplo, en la ya desaparecida Unión de Repúblicas Soviéticas Socialistas, ni en la República Democrática Alemana, con sus campos de concentración, su censura y sistemática violación a la libre expresión y a los derechos humanos. Se alude tan sólo a un ideal de justicia social y felicidad en el cual, en una época no muy lejana, soñaron muchos de los mejores hombres de los siglos xix y xx.

El derrumbe de este sueño igualitario propició la apertura indiscriminada de las fronteras arancelarias y el dominio hegemónico de las avasallantes empresas transnacionales. Y como antes decía, al imperio, casi sin contraparte, de la ideología del triunfalismo la cual, de manera chabacana, divide a las personas en triunfadoras y perdedoras.

En este marco ideológico hay diferentes maneras de entender la felicidad en el futbol. Al respecto, me permito transcribir un texto que escribí en abril de 1999, cuyos destinatarios eran y son los niños que aspiran a convertirse en futbolistas profesionales, el cual intitulé "La felicidad del futbol".

Son constantes los correos que recibo de sus hermanos, de sus padres o de ustedes mismos, los involucrados directos en continuar el sueño. La demanda fue provocada por el mismo impulso: ese incontrolable sentimiento que han descubierto al jugar futbol y que suponen es la felicidad. La consecuencia lógica indica que los futbolistas profesionales debemos ser infinitamente más felices. Porque llamamos felicidad a lo que queremos, por eso se trata de un sentimiento a la deriva, que nunca se considera resuelto. De ser así termina en ese momento.

Ustedes quieren prolongar su felicidad de manera incesante, por eso alguien tiene que finalizar el juego cada día para poder cenar o dormir. Ya han hecho planes para ser felices veinte años más y no tienen la menor duda que el camino adecuado es el futbol. Como la ambición es desmedida (el mejor futbolista es el más feliz, piensan), hoy imitan el atuendo, e incluso adoptan el nombre del jugador admirado y se identifican con un escudo.

Todos los futbolistas crecimos aferrados a esa felicidad, no estábamos dispuestos a dejarla ir; jugar y jugar con el balón era la única manera de adquirir las habilidades necesarias para el día del esperado ingreso a un equipo. Muchos podrían ser los caminos pero uno sólo el destino. A través de la tierra o el pasto, de la pelota o la lata, de los zapatos de plástico o los tacos de piel, de los guantes o las puras manos, el objetivo era (y es, para ustedes) penetrar la pantalla y jugar en el futbol profesional y, por supuesto, en la primera división. Un anhelo lejano, pero lejano queríamos que fuera el fin de aquella felicidad y la disposición era total.

Raúl Rodrigo Lara, destacadísimo seleccionado nacional, mundialista y figura del América por años, recogía balones en los partidos del propio América para estar cerca de sus ídolos. Con el tiempo se convirtió en el ídolo de los chavos que le dan al balón en el Azteca. El hondureño Carlos Pavón sólo soñaba en vestir los colores del Olimpia de Tegucigalpa. Cuando lo logró, después de tres meses de sufrir malos tratos y rechazos en ese equipo, se vio obligado a regresar a San Pedro Sula para probarse en el Real España, equipo con el que conquistó cada título de todos los posibles, y a quien le entregó su fanatismo de por vida. El romance con el balón y la tenacidad en la búsqueda de las metas pueden más que las desilusiones.

Los que dicen profesar amargura por haber visto imposibilitado su sueño de ser jugadores profesionales, no pueden contenerse ante el entusiasmo que sienten por el fenómeno rodante, que irremediablemente les ha conquistado para siempre, y quedan hipnotizados con la primera escena futbolera que aparece frente a ellos. Pero aquellos que han podido representar los colores que decoraban su habitación infantil, que jugaron con y contra las leyendas (al extremo de adoptar en sus juegos su nombre), no dejan de valorar(se) al comprobar que valió la pena el esfuerzo. Esa es la muestra de que es posible alcanzar ese anhelo.

Johan Cruyff nació a trescientos metros del campo del Ajax, en las afueras de Ámsterdam. Después de la escuela, cada tarde asistía al entrenamiento del club que idolatraba y pronto logró hacerse popular en él. Participó como mascota y ayudante del utilero, y al poco tiempo le dieron el honor de colocar los banderines de tiro de esquina antes de cada partido. Integró cada categoría de infantiles y reservas hasta llegar a la primera división.

Julen Guerrero, emblema del Athletic de Bilbao en los años noventa, decía:

Estoy aquí porque no me he vendido al Athletic, y sin haberme vendido sigo siendo jugador suyo, como no podría ser de otra manera, siendo quien soy, una persona que desde los ocho años ha dormido soñando que un día iba a ser jugador del Athletic. Eso lo he soñado yo cada día las últimas cinco mil noches de mi vida, sin excepción, ese ha sido mi deseo y esa mi voluntad cada mañana al despertarme, cada viaje en autobús, cada clase, cada recreo, cada comida, cada día que me cambiaba en el vestuario durante diez años me he dicho a mí mismo. "Estás aquí para ser jugador del Athletic, te estás entrenando para ser un león, para responder a tu voluntad que en cada ocasión que ha ido a San Mamés te ha pedido a gritos: 'Quiero jugar en el Athletic de Bilbao y quiero ganar títulos con él'".

Pero muy pocas veces sucede que la pista en la carrera de la felicidad se localiza a trescientos metros de la casa. Por lo general, uno busca en el lugar incorrecto más de una vez, como mi compañero Sergio Prado, lateral del Atlético Celaya en la última década del siglo pasado, quien a menudo recuerda que en su infancia se sentaba en el estacionamiento del Nou Camp de León y, mirando hacia el estadio, pensaba: "Algún día tengo que jugar aquí". Su primer partido en ese estadio encabeza vitrinas de logros individuales, aunque reservaba un espacio, que no logró llenar, para el día que lo hiciera vistiendo la playera verde de su querido León.

El caso de Luis Fernando Soto, finísimo mediocampista veracruzano, era una muestra de absoluta convicción: A su natal Minatitlán acudía cada año el Cruz Azul para jugar contra una selección local. Soto contaba con ansia los días para la próxima visita de sus ídolos. Cada foto y cada autógrafo fortalecían su decisión de jugar un día para Cruz Azul. A los 16 años decidió que había llegado el momento de trasladarse a la Ciudad de México. Una convocatoria en el periódico fue la señal que esperaba.

Luis Fernando acudió al Seminario de Acoxpa el día indicado, pero fue rechazado entre centenares de aspirantes. Cuando se retiraba, cabizbajo, lo llamó Horacio López Salgado (goleador histórico de Cruz Azul en los setenta), quien era entrenador del cuarto equipo, para citarlo directamente a entrenar con él, aunque Soto tenía la edad para el quinto equipo. Días más tarde, Juan Ramón Ocampo, otro exjugador, quien por cierto lo había rechazado aquel primer día, le registró en su categoría. Al poco tiempo fue llamado para entrenar con la reserva, pero sin abandonar el quinto equipo, así que el fino mediocampista entrenaba todos los días a las diez de la mañana y a las tres de la tarde, pese a vivir en la distante Ciudad Nezahualcóyotl (completamente al otro lado de la enorme zona metropolitana), en casa de su abuela. Los años de sacrificio le fueron recompensados al jugar con esa gran institución durante varias temporadas.

Pero probablemente el caso de Armando González es el más significativo ejemplo de un sueño realizado: A pesar de que era seguidor de Cruz Azul desde que fue capaz de elegir un equipo, una voz interna le hacía pensar en jugar para el Guadalajara. Pero aquel sueño era muy preciso: "Jugar sólo un Clásico contra el América, anotar el gol de triunfo y retirarme". Sólo ese partido, ya que al faltar su padre, como hijo mayor sabía que la atención a su familia era prioritaria. El tiempo lo llevó a debutar con *Las Chivas* a temprana edad. Luego de jugar varias temporadas, llegó aquel inolvidable Clásico de la temporada 92–93 en el estadio Jalisco: a menos de 15 minutos para finalizar el partido, el marcador señalaba ceros, y Armando no sólo anotó el gol de la victoria, sino que hizo el *mejor* gol. Primero con un túnel a Huerta y después con un tiro desde 25 metros al ángulo superior derecho de la portería custodiada por el *Gallo* García. Armando corrió, festejó y revivió aquella imagen del niño que pateaba la pelota en la casa al practicar sin cesar el gol que anotaría años más tarde. En la vida real y en el máximo escenario.

Sí, los futbolistas hemos sido capaces de extender ese periodo de felicidad, pero la vida nos cambió el concepto. Y sí, mientras con nuestra pasión infantil por el futbol decíamos: "quiero ser feliz", en realidad significaba: "quiero ser". La realización de ese ideal que nos ofrece la experiencia, permite decirles con certeza, a ustedes, los niños, que la más verdadera y pura felicidad la viven hoy, felicidad que el futbol nos ofreció y que los políticos no se atreven a prometer a nadie. Porque, como decía Kant: "Lo importante no es la felicidad, sino ser dignos de la felicidad". Y todos los niños son dignos de ella.

En efecto, el maravilloso juego que es el futbol les ofrece a niños y jóvenes la posibilidad de adentrarse en el arte de ejercer la solidaridad y el compañerismo, la disciplina y la constancia, porque, cabe la reiteración: la felicidad es el estado emocional que se produce en una persona cuando alcanza una meta, el cual conlleva la paz interna y estimula a conquistar otras metas.

En modo alguno postulo que el futbol es la tierra prometida a la cual los jugadores jóvenes llegan para convertir en realidad sus sueños, pero no fácilmente, porque antes de poder cristalizar sus ilusiones deberán cruzar por los senderos cargados a veces de mentira, a veces de intereses corruptos y de banalidades. Para vencer esos escollos, es necesario hacer gala de fortaleza moral y espiritual. Por todo ello reitero que el futbol es una espléndida escuela para inculcar valores morales.

Entre estos escollos a superar recuerdo un caso extremo, al cual aludí en el artículo denominado "El poder", de 2002, tras la Copa del Mundo de Corea–Japón:

Luego de que Ahn Jung Hwan peinó ese balón, en tiempos extras de los octavos de final, mismo que dejaba fuera del mundial a Italia, pensé inmediatamente en un argumento típico de una película gringa, en la que el héroe resurge de un tropiezo fuerte, como fue el penalti que Ahn falló en el primer tiempo, para darle a su equipo y a su país el triunfo de manera dramática e increíble, con un cabezazo lento entre tanta adversidad.

Pensé en los halagos, en la idolatría y, por supuesto, en la cotización que alcanzaría el carismático coreano, tras la hazaña del 18 de junio en Jeonju, pero jamás imaginé las reacciones que provocaría ese gol en Italia. La súbita fama mundial del único coreano que militaba en la liga italiana no fue ningún consuelo para el presidente del Perugia, Luciano Gaucci, quien paradójicamente podría obtener ganancias millonarias con la eliminación de su país a manos de su jugador. El dirigente soltó la lengua con admirable estupidez, vociferando comentarios como estos:

"No jugará más en Perugia, ¿qué se creen, que voy a conservar un jugador que arruinó al futbol italiano? Que se vuelva a Corea a ganar cien libras al mes". "No voy a prolongar más su contrato, no se lo merece; me bastarían 1.5 millones de dólares para obtener beneficios negociando su venta, pero no lo voy a hacer. Basta, ése no volverá a poner un pie en Perugia, no lo quiero ver más, ya que ha ofendido al país que le ha acogido". *(Il messaaggero)*. Gaucci no fue entrevistado al calor de las acciones, sus comentarios fueron recogidos un día después, totalmente consciente y con todo el tiempo para pensarlos; sus palabras desataron un escándalo mundial por una enfermedad que nada tiene que ver con la pasión italiana, sino con un gran vicio en el que muchos directivos del futbol mundial encuentran gran placer: El poder.

Porque tanto el poder como el dinero son producto de dos necesidades que, en esencia, no parecen tener mayor riesgo: La de reconocimiento social y la de triunfo. Pero la justificación es inexistente cuando tenemos claro que el hombre es el único animal que tiene conciencia de los fines que se propone lograr. Así que ningún exceso de poder, es decir, cualquier poder mal entendido, puede conducir jamás a nada bueno.

No entraña revelación alguna decir que el lucro es una meta prioritaria en el mundo actual, solo que en el selecto grupo del lucro no caben todos, por lo que aparece la deshonestidad, que además es vista con disimulo por muchos de los que se desempeñan cerca, ya sea por temor a la represión o por considerarlo "normal"; pero una cosa es segura: Quienes son partidarios del trabajo con remuneración legítima, jamás verán con aceptación a estos transas impunes. Por otro lado, el fracaso es sancionado socialmente, y en el futbol el fracaso se castiga directamente con dinero. Porque ninguna sanción moral llega a tener el mínimo efecto, simplemente porque el daño moral afecta solo cuando existe moral.

Un día le preguntaron a Cristóbal Gluck, célebre compositor alemán de ópera del siglo XVIII, cuáles eran las cosas que más amaba y apreciaba:

Tres cosas:

- El dinero
- El vino y
- La gloria

Inaugurando, de paso, una frase hoy célebre.

–¿Cómo? ¿La gloria es lo último? ¡Estás bromeando!

–No, no bromeo. Con el dinero puedo comprar el vino, con el vino se despierta mi inspiración y con mi inspiración alcanzo la gloria. Ya veis que es muy razonable.

Gluck componía obras maestras que aún se representan y, definitivamente, su fin justificaba los medios. Pero estas tres cosas, también apreciadas por muchos directivos del futbol mundial, tienen razones muy distintas para estar colocadas dentro de sus prioridades: el dinero, como el más claro medio para imponer voluntades propias, conformando lo que Robert Michels llamó "la necesaria oligarquía del poder", que no es otra cosa que las pequeñas élites que en cada época han controlado el poder; el vino, como fuente de inspiración para tomar decisiones, por absurdas que sean, que les permita conservar todavía más el poder. Y la gloria, que se obtiene a través de constantes notas y comentarios favorables que algunos medios de comunicación corruptos publican.

Cabe aquí recordar una frase del escritor Mario Vargas Llosa, la cual explica muchas actitudes que no solemos entender en quienes dirigen nuestro destino, en el futbol y en la vida diaria:

"Quien no es capaz de sentir esa atracción casi física por el poder, difícilmente llegará a ser un político (¿y un directivo?) exitoso".

Desde luego, no dejan de llamar la atención las prepotentes palabras emitidas por Luciano Gaucci sobre Ahn Jung Hwan; pero lo cierto es que no nos asombramos quienes hemos escuchado de viva voz al poder futbolístico mexicano que posee, entre todos sus niveles, a una selecta categoría de directivos que, con absoluto descaro, llega a indignarse porque un jugador no se deja robar por ellos, convencidos de que tienen el derecho de hacerlo, por increíble que parezca.

Definitivamente que las bien pensadas declaraciones de Luciano Gaucci, junto con privados desplantes de muchos otros directivos, nos confirman que se han convertido en avanzados discípulos de Nicolás Maquiavelo, quien aceptaba con enorme cinismo:

> En el arte de la hipocresía ya hace mucho que he recibido el bautismo, la confirmación y la comunión (...) La vida me enseñó a mezclar lo falso con lo verdadero y lo verdadero con lo falso.

Para contrarrestar tal cinismo al cual, tarde que temprano, deberán enfrentarse los futbolistas, como cualquier individuo en la mayoría de las actividades sociales, conviene reflexionar en lo escrito por Graham Haydon, profesor de Filosofía de la Educación en el Instituto de Educación de la Universidad de Londres[1]:

> Un pasaje bajo el epígrafe de "Educación para la ciudadanía" sugiere una visión diferente de los valores familiares: "Los valores familiares representan, en un microcosmos, los valores en los que se asienta la sociedad. Se fundan éstos en la aceptación de que tenemos obligaciones para con los demás, quienes, a su vez, disfrutan de unos derechos. La educación para la ciudadanía versa sobre estos derechos y deberes recíprocos". ¿Significa esto que las familias están o deben estar unidas por los derechos y deberes recíprocos, que los hijos sólo deben disfrutar del derecho a su cuidado si cumplen sus deberes para con sus padres o se trata, acaso, de que los valores que subyacen a un estado moderno, populoso, de economía de mercado y pluralista son, en realidad, muy diferentes de los valores que subyacen a la familia?
>
> En la perspectiva de Patten, los conocimientos y la comprensión implicados en la ciudadanía deben:

---

[1] Haydon, George, *Enseñar valores. Un nuevo enfoque.* Cap. 1, pp. 30–32, Ediciones Morata, Madrid, 2003.

Estar vinculados al desarrollo de un enfoque positivo con respecto a la educación y un enfoque de "poder–hacer" hacia la vida. Incluyen éstos el respeto hacia el argumento racional, a los legítimos intereses de los otros y a los puntos de vista y costumbres de los distintos grupos. Deben promover el sentido del juego limpio; la independencia de pensamiento; un enfoque emprendedor para aceptar los desafíos, unido a la persistencia en esforzarse para hallar soluciones y, por supuesto, la disposición a resolver los conflictos sin recurrir a la violencia.

Este párrafo recoge diversos valores. El respeto a los argumentos racionales quizá sea uno de los valores más fundamentales de la educación, en general, y conviene señalar que, para tener ese respeto, debemos permitir que se extienda (al menos que haya algún argumento racional en contra) a las afirmaciones sobre los mismos valores. Si decimos que algo está mal, debemos estar preparados para dar nuestras razones y defender nuestra afirmación. Quizá también debamos estar preparados para dejar de pensar que algo está mal si no somos capaces de ver ninguna razón por la que sea así.

Una vez más, desde luego, hay mucho más que descubrir cuando estos valores interactúan. El respeto a... los puntos de los distintos grupos significa no razonar con ellos o, ¿si creemos que los puntos de vista de alguien no pueden apoyarse con argumentos racionales, no es más respetuoso (aunque no necesariamente más diplomático) intentar, mediante argumentos racionales, demostrarles que están equivocados? (Por supuesto, no siempre es probable que ellos nos demuestren que somos nosotros los equivocados). Es muy posible que el empleo de los argumentos racionales forme parte de un enfoque emprendedor para aceptar desafíos, incluyendo los de las autoridades adecuadas. Para que las autoridades (incluyendo a los maestros y a los directores escolares) demuestren su respeto a los argumentos racionales, quizás deban estar siempre preparados para escuchar las afirmaciones que sean argumentos racionales y, si creen que no lo son, para explicar con paciencia porque es así. ¿Dejan de ser autoridades adecuadas si no hacen esto?

Por otra parte, las autoridades saben que, a veces, hay que tomar decisiones y la persistencia en esforzarse por hallar soluciones no significa que el razonamiento pueda prolongarse de forma indefinida. En tales ocasiones, pueden tener que actuar basándose en lo que creen que son buenas razones, aunque sepan que otros no estarán de acuerdo, pero es muy diferente apelar a una presunta base (como: "esto es así") sin poder presentar ningún argumento racional al respecto.

En cuanto a la disposición a resolver los conflictos sin recurrir a la violencia, quizá parezca que no se trata, de por sí, de un valor específicamente educativo, pero creo que podemos afirmar (con fundamento racional) que cualquier persona preocupada por los valores educativos debe estar comprometida también con este valor. Como en el caso de los valores anteriores, el hecho de tomar éste en serio tiene otras ramificaciones en la escuela. Compromete a las escuelas a abrazar la prohibición del castigo corporal y, quizá aún más interesante, da una razón para incluir alguna forma de educación para la paz en el currículum escolar (porque, ¿qué pretende la educación por la paz sino hacer menos probable que las personas recurran a la violencia como forma de resolver los conflictos?)

Lo asentado por el profesor Haydon puede extenderse del terreno de las familias y las escuelas a la enseñanza de valores que propicia el futbol, como son el respeto al argumento racional a los legítimos intereses de los otros y a los puntos de vista y costumbres de los distintos grupos. Se antoja imprescindible, para inculcar el respeto al rival en la cancha y en los vestidores, convivir, de manera armónica y fecunda con compañeros de diferente clase social, nacionalidad o religión, de costumbres disímiles e, incluso, si hablan un idioma diferente al nuestro, porque el lenguaje del futbol, entre otra de las virtudes de este espectáculo, sí es universal.

En efecto, es imprescindible promover "el sentido del juego limpio; la independencia de pensamiento; un enfoque emprendedor para aceptar los desafíos, unido a la persistencia por esforzarse en hallar soluciones y, por supuesto, la disposición a resolver los conflictos sin recurrir a la violencia". Este párrafo parece haber sido escrito en especial para los futbolistas, toda vez que alude al espíritu emprendedor que debe tener un verdadero líder en la cancha, capaz de tomar decisiones en décimas de segundos para favorecer a su equipo y sin hacer uso de la violencia.

O, para decirlo de otra manera, a la capacidad de ser generoso (antítesis del egoísmo) con su equipo e incluso con el rival, única manera de alcanzar la grandeza dentro y fuera de la cancha. A la cualidad de ponerse en el lugar del otro para no dañarlo.

Ponerse en el lugar del otro, esta es una de las reglas no escritas de la convivencia humana y de la razón, cuando se trata de criticar alguna acción emprendida por el prójimo. Sin embargo, a pesar de su sencillez aparente, ponerse en el lugar del otro es una posición poco frecuente.

Por eso el niño pequeño es egoísta por naturaleza y no es capaz de reflexionar en los motivos por los que no puede ser atendido en el momento que desea; por eso el aficionado, que muy de cerca sigue las acciones de un partido de futbol, puede, sin el menor remordimiento, descalificar al jugador que ha errado una jugada aparentemente fácil. Por supuesto, la situación tiene una explicación que el individualista, el anónimo y el egoísta no tienen la menor intención de entender.

Uno de los grandes problemas que históricamente el futbolista carga, es el de considerar su propio interés como único y, en caso de no darse los acontecimientos a su favor o conveniencia, sin ponerse en el lugar de la otra parte, acostumbra realizar juicios lapidarios. Una vez fuera de las canchas el futbolista, mágicamente, comienza a desarrollar la capacidad de ocupar el lugar criticado porque, de forma paralela, se percata que, desde la dirección técnica, desde el micrófono, desde la pluma, desde la oficina o desde el negocio, la vida no es tan fácil como él suponía e, irremediablemente, comprende que está condenado a cometer las mismas torpezas en que incurrieron aquellos que parecían tan torpes tiempo atrás.

Y es que ponerse en los pies del otro es también dar oportunidad a la réplica y, una vez calzados los zapatos ajenos, mesuramos mucho más la crítica, ya que las probabilidades han sido abiertas al error o a la falta de lógica que tan evidentes parecieron en un principio.

Supongamos que a un tirador le corresponde ejecutar un penalti, decide patear al costado derecho y a media altura pero, el portero, también opta por arrojarse en esa misma dirección y detiene el disparo, pese a que éste fue dirigido muy cerca del poste (información). No ha logrado concretar lo que se supone es la opción más clara en un partido de futbol, aunque las estadísticas indican que ese tirador tiene un porcentaje altísimo de efectividad (conocimiento). Lo que sucede es que el arquero ha estudiado muy bien al eficiente cobrador y, en esta ocasión, logra acertar, pese a las varias opciones que podían darse. Así que en estos casos el aficionado que apoya al equipo, antes de censurarlo, debería contemplar el hecho y reflexionar en él. Analizar la elección de su jugador en el penalti cobrado y, una vez instalado en su lugar, como tirador virtual que irremediablemente es, evaluar si en realidad quien le generó esa frustración es un papanatas o un futbolista con la capacidad necesaria para patear un penal y que, en ese caso, fue superado por el guardameta en el duelo.

En efecto, "ponerse en el lugar del otro" es intercambiar posiciones y juicios en teorías y reglas no escritas. Un gran avance sería contemplar esta opción de manera constante para comenzar a atacar el gran reto de la convivencia y la tolerancia que, desde que tenemos uso de razón, deberíamos poner en práctica y no únicamente a partir de juzgar con simplicidad sin ahondar en los verdaderos problemas que convergen en una determinada situación y en el caso de los futbolistas en una jugada. Aunque, si se piensa mejor, a todos el destino nos puede hacer una mala jugada.

Compañerismo, clave

Aun cuando hayas jugado el partido de tu vida, es el sentimiento
de haber trabajado en equipo lo que recordarás.

Olvidarás jugadas, tiempos y resultados,
pero nunca a tus compañeros de equipo.

En enero de 2004, siendo director general de la Comisión del Jugador de la Federación Mexicana de Futbol, pronuncié un discurso que, a mi juicio, resume el espíritu fundamental del futbol, el de la unión y el compañerismo.

Siempre, cuando nos referimos a la unión, los aspectos grupales o colectivos a menudo se confunden con situaciones de equipo; así como se califica de presumido o egocentrista a todo aquel que busque destacar en un equipo en el que nadie puede considerarse más importante que todo el conjunto. En cualquiera de los dos casos, el tema merece reflexión.

En definitiva, la unión se busca y anhela (aunque pocas veces se consigue) en todo grupo o equipo; pero vale la pena establecer de una vez la diferencia entre el concepto de grupo y el de equipo: Los grupos surgieron antes que los equipos, ya que etimológicamente la palabra grupo tiene su origen en el siglo XVIII y la de equipo en el XIX.

Un grupo es una pluralidad de seres que forman un conjunto, aunque no necesariamente se relacionan entre sí, mientras un equipo es el conjunto de personas con un objetivo común, y ese objetivo sólo puede alcanzarse mediante la aportación individual de cada uno de sus miembros.

La función que cumple cada uno de los integrantes de un equipo es determinante cuando se trata de evaluar los resultados. Aunque forzosamente sobresale alguien al momento de los reconocimientos, cada miembro de un equipo cumple con una función que influye en el rendimiento, en la preparación y hasta en el esparcimiento de todo equipo. Es impensable hablar de un gran logro de conjunto sin partir del individuo, aunque tampoco se concibe una figura destacada sin el apoyo de su equipo. Ambos se retroalimentan y necesitan.

Pero también en el fracaso y la derrota las sociedades y los individuos tienen el mismo peso y el mismo porcentaje de incidencia. Manejar las adversidades es, por supuesto, mucho más complejo, ya que existen conflictos sin crisis, pero nunca crisis sin conflictos. Y las malas rachas son, por lo menos, crisis.

Así, los valores que propician la unión de grupo o de equipo son: El compromiso establecido entre todos los compañeros; el afán de triunfo que todos deben mostrar (y si alguien no lo muestra, entonces arrastrarlo a que lo adopte). La confiabilidad en uno mismo y en el resto del equipo, la autocrítica que siempre resulta ejemplar (aunque parezca un síntoma de debilidad); la creatividad tanto en el desarrollo de la actividad principal, como en la convivencia; la iniciativa que no espera instrucciones, pero no comete imprudencias; la sensibilidad con el compañero y con la situación; el manejo de los conflictos y su enfrentamiento; la cooperación y la solidaridad; el optimismo en cada fase y la comprensión que tolera las fallas del vecino.

De esta manera vemos que parece imposible desaparecer la individualidad en un equipo, y de hecho esa desaparición afectaría su rendimiento. Cada equipo se conforma de muchos miembros distintos entre sí, pero con un objetivo similar. Por eso es imperativo recordar que nadie jamás es más importante que su equipo.

Espero que a partir de ahora vean el futbol no sólo como un deporte, sino como un espacio de estrategia y aprendizaje; y que al mismo tiempo puedan ver a su organización como un apasionante campo de juego donde cada uno es pieza esencial para alcanzar el éxito.

Pero el compañerismo va siempre acompañado de la generosidad, la verdadera grandeza del alma, como ya señalé. En efecto, pocos valores son tan ajenos al ser humano cuando nace como la generosidad. Podríamos decir que nacemos sin dar nada, dependemos casi por completo de alguien más aunque, a partir del nacimiento, debemos aprender a compartir para vivir de manera gregaria que, al fin y al cabo, es la única manera de vivir.

Los padres de familia batallamos, día tras día, para inculcar la generosidad, mucho más cuando aparece un hermano, con quien se debe compartir, por lo menos, la atención de los padres.

La generosidad es un valor que no termina de aprenderse y que siempre resultará insuficiente. Inculcar la generosidad es complejo, pero cuando se trata de un hijo único, la transmisión de valor se dificulta aún más.

El futbol demanda mucha generosidad porque es un juego de equipo y porque parte de una premisa: nadie puede ganar solo y la única forma de alcanzar objetivos comunes es compartiéndolos.

Suele olvidarse que la historia recuerda con admiración no a quienes tuvieron más sirvientes, sino a quienes sirvieron a mayor cantidad de gente. Participar en una jugada que termina en la portería rival genera gran satisfacción, quizá tanto como la que el anotador siente, aunque la cámara y el recuerdo principal se centren en quien anotó el gol.

Ser generoso en una cancha de futbol sin lucir es tarea difícil. El jugador no tiene mayor problema en dar un pase vistoso que deje a su compañero en opción de anotar pero, entregar el balón de manera sencilla, con un pase de diez metros, no es gran cosa, en apariencia, sin embargo dice mucho respecto de la sencillez de la construcción del juego que, a final de cuentas, es la base de los grandes éxitos deportivos.

Al futbolista se le mide, por desgracia, a partir de lo que ganó y no de lo que entregó, pero a la gente se le mide por la forma en que vivió y no en la que murió. Es decir: el ambiente externo y crítico del futbol no fomenta la generosidad aunque, para jugarlo, es indispensable ser generoso.

Quizá el ejemplo más inmediato y representativo de la generosidad haya sido la madre Teresa de Calcuta. Supongo que para seguir su ejemplo no es necesario mudarse a la India, ni renunciar a la vida que nos rodea. Cada encuentro es una oportunidad de dar y la gente que nos rodea, la que nos conoce y la que no nos conoce, espera recibir algo de nosotros, por lo menos amabilidad.

En ocasiones olvidamos cuánto tenemos para ofrecer y nuestros hijos nos lo recuerdan. Dentro de una cancha de futbol la generosidad es ilimitada: no solamente puede ofrecerse un balón, también un esfuerzo por el compañero, un grito de aliento, una acción leal contra el rival, una cortesía cuando se encuentra lesionado y una muestra de deportivismo al saludar antes y después de cada partido.

Somos generosos con nuestros hijos porque los amamos pero no es imposible amar la actividad que realizamos, la que nos fue encomendada y amar, en general, a la humanidad porque no podríamos vivir sin ella.

La gente necesita, básicamente, tres cosas de nosotros: reconocimiento, amabilidad y tiempo. Si nos sentimos frustrados cuando no se nos reconoce un esfuerzo o un logro, le sucede lo mismo al resto de la gente. La amabilidad transforma, sin lugar a dudas, la vida tanto de quien da como de quien recibe. El tiempo, es quizás el mayor regalo que podemos ofrecer pues de tiempo se compone nuestra vida. Ésta es, probablemente, la mayor prueba de amor que podemos ofrecer: dedicar tiempo a quienes lo solicitan y necesitan.

La generosidad va íntimamente ligada con el ideal de la felicidad que todos los padres deseamos para nuestros hijos. Somos generosos con ellos porque queremos que sean felices, lo cual, a la vez, nos provocará felicidad como padres de familia.

El valor de la cooperación va de la mano con la generosidad aunque la diferencia entre ambos, radique en que mientras la generosidad no espera nada a cambio, la cooperación, por lo general, es de ida y vuelta: yo coopero contigo y tú, a la vez, cooperas conmigo. En este esfuerzo común se basa el éxito de un equipo.

Y este esfuerzo común demuestra, asimismo, que el futbol es un espléndido modelo para inculcar en niños y adolescentes valores éticos, morales y de conducta. Y también para contribuir, gracias a la formidable difusión masiva que tiene este deporte, a la formación moral de los ciudadanos.

Capítulo 6

Valores según los consagrados

*Las entrevistas son como el amor: se necesitan por lo menos dos
personas para hacerlas, y sólo salen bien si esas
dos personas se quieren.*

Gabriel García Márquez

Con la intención de ahondar en la manera en que los valores éticos y morales influyen en los deportistas, y para saber si el futbol y otros deportes contribuyen a su formación ética, en diferentes momentos entrevisté a varias figuras del deporte, en especial del futbol.

A la mayoría le pregunté si el deporte transmite los siguientes diez valores: honestidad, respeto, compromiso, tolerancia, cooperación, generosidad, perseverancia, responsabilidad, lealtad y disciplina. Con el tiempo, después de reflexionar sobre la enorme importancia del equilibrio (emocional, moral y físico) en la vida y en el deporte, opté por agregar a los diez referidos postulados éticos el del equilibrio. Por tanto, a todos los entrevistados sólo los inquirí sobre los primeros diez.

Conocer qué piensan sobre los valores algunos deportistas que han alcanzado la cumbre en sus respectivas disciplinas, sin duda nos permite conocer la importancia que reviste la ética en el deporte.

Arturo Brizio Carter

Hijo y hermano de grandes árbitros internacionales, Arturo Brizio Carter es considerado, según la Federación Internacional de Historia y Estadística de Futbol, el mejor árbitro de México del último cuarto de siglo. Y para muchos de toda la historia del futbol nacional. Polémico, retirado del arbitraje desde 1998, aplicó la política de tolerancia cero en contra de los futbolistas tramposos y violentos. Con él, valga el contrasentido, los jugadores no jugaban. Arbitró en seis partidos de dos Copas del Mundo, y todavía se recuerda cuando, de manera justa, expulsó a Zinedine Zidane, monstruo del futbol galo e internacional, en la Copa Mundial de Francia. En total, en partidos mundialistas, expulsó a siete jugadores, lo que da cuenta de su fortaleza de carácter, de su intransigencia contra jugadores violentos y tramposos. Mostraba la tarjeta roja llevado, como debe ser, por imponer la justicia. Tan es así que postula la conveniencia de practicar un arbitraje "preventivo" para evitar que en la cancha se desborde la pasión entre jugadores y entre el público asistente.

Siendo tan sobresaliente, poco se conoce de él sobre su espíritu férreamente ético y su intransigente crítica en contra de los malos manejos de la FIFA, a la que califica como una mafia, reproche que extiende a la Federación Mexicana de Futbol. De la primera afirma que es "capaz de corromper a los más altos niveles", mientras advierte que ni el futbol ni los futbolistas son transmisores de valores morales. Por el contrario, afirma que en la actualidad transmiten antivalores. Le indignan los escándalos en el futbol internacional, pero más aún que se conozcan y que nadie los combata.

Reflexivo y estudioso, analiza sin cesar las causas que han llevado a tal desajuste en el futbol mexicano e internacional, al extremo de advertir: "Qué tan generoso es el producto que es capaz de soportar tanta basura en su interior y aún así seguir siendo atractivo".

Advierte que no es un hombre de izquierda, sin embargo admite que si tuviera una tendencia política, lo sería.

Enamorado de su arbitraje, no del arbitraje en general, afirma que trabajó todos los días para elevar su especialidad casi a nivel del arte, en ese futbol al que califica de "religión de religiones", y del cual le hiere tanta indolencia, corrupción y la ausencia de valores éticos. Ausencia que atribuye, primero, al imperio del dinero, a la dinámica de ganar a cualquier costa, sin importar el precio. Y segundo, a que el futbol sea el único deporte en el cual el atleta se prepara para hacer trampa y para ganar haciendo trampa. Idea que personalmente discuto.

Diserta largo y tendido sobre su paso por la vida, que para él se enmarca en buena parte en el futbol. Y brinda una lección magistral no sólo de valores éticos, y la ausencia de éstos en el futbol, sino, sobre todo, en torno de lo que debe ser el arbitraje.

El futbol, incubadora de antivalores: Arturo Brizio

Abogado e hijo de abogados, árbitro e hijo de árbitro (mi papá nos inculcó la necesidad de tomar decisiones), las enseñanzas familiares de los valores te inducen a tomar determinaciones, por ejemplo, en la jugada en que expulsé a Zidane.

Las decisiones se toman en segundos, no puedes pensar con calma. Como árbitro, aplicas la justicia pero no tienes tiempo de pensar en las implicaciones de imponer una sanción drástica. Tampoco es uno un niño chiquito, yo no pensaba en quedar bien con nadie. Esto nace, insisto, con la formación de valores que te brinda la familia. Lo inmediato es corroborar que tomas una decisión correcta, y si te equivocas, se te revierte tremendamente. Pagas las consecuencias.

Amable, con una sonrisa, explica qué debería ser para él el arbitraje.
En lo que atañe al arbitraje, el futbol se quedó muy atrás. Es el único deporte que no ha evolucionado. Seguimos arbitrando como hace 110 ó 120 años. Pero, incluso así, no soy partidario de introducir tecnología total en el futbol. Para poder tomar una decisión justa sería conveniente crear un catálogo para jugadas muy precisas, digamos para aquellas en que la bola pega en el poste, luego en el suelo y nadie sabe, nadie supo, como decía el Monje Loco. En ese tipo de jugadas debería auxiliarse el árbitro con un video, pero pienso que introducir toda la tecnología al juego, como en el futbol americano, le quitaría la belleza.

¿Qué es más importante, la reciedumbre moral o la justicia?
Lo más importante en la toma de decisiones es la pasión y después la convicción. Si cuentas con ambos atributos también tendrás la reciedumbre para afrontar las consecuencias de tus actos. ¡Claro!, siempre corres el riesgo de equivocarte, como sucede a cada paso en la vida. Porque es fácil no equivocarte si no haces nada. Al respecto, cabría recordar que el futbol es el único deporte en el cual un jugador expulsado no puede ser sustituido por otro. Porque si marcas un penal todavía falta ver si lo meten, pero la expulsión, insisto, es la decisión más importante. Y en una copa del mundo, pues más. El árbitro debe desempeñar con pasión su actividad, sin embargo, a la vez, debe ser el más desapasionado para optar por una decisión justa. Debe ser el personaje más frío de la cancha. Yo fui el más apasionado de mi arbitraje, ni siquiera del arbitraje en general. Fui un apasionado absoluto de mi arbitraje.

Imagínate, era la época en que me pagaban dos pesos por dirigir un partido. Tenías que dejar a tu familia el fin de semana, y meterte en un estadio para que te mentaran la madre cien mil pelados, y todo eso por gusto. Por eso digo que lo primero es asumir con pasión tu actividad. Sólo soportas eso si tienes pasión.

A la hora de juzgar, en cambio, debes ser sereno y frío. Cuando platico con personas que me dicen que no les gusta el futbol, y menos el arbitraje, yo sostengo que todos somos árbitros. La primera lección de arbitraje la tomas cuando eres papá, cuando le quitas un juguete a un niño y se lo das a otro. El niño al que se lo diste se va feliz, mientras el otro te mienta la madre. Cuando te das cuenta que tomar una decisión implica provocar la molestia de una parte y el beneplácito de la otra, entiendes que así es la vida. Y cuando lo entiendes, inclusive te puede llegar a gustar. Aprendes a administrar el juego. Yo entendí que en el futbol puede ganar el mejor, el que juega bien. Pero también el que juega mal, y aun el que tiene más suerte, pero jamás el más tramposo. Para evitar eso como árbitro siempre fui inflexible, completamente implacable.

El árbitro es, ante todo, un juez porque el arbitraje no es un concurso de popularidad. Debes cumplir con un compromiso reglamentario, pero no cuentas con el tiempo con el que, por ejemplo, cuenta un juez en un juzgado o un abogado para preparar un caso. En el futbol el árbitro toma decisiones en segundos. Por eso, en mi actividad como árbitro, mi formación jurídica y el hecho de ser abogado me ayudó mucho, sobre todo porque fui litigante, y en los litigios comprendes que nada es personal. Tú defiendes una parte, y tu adversario a la otra. No es un pleito personal. Aprendí que no debes llevarte problemas fuera de la cancha y que, además, debes ser un estudioso del reglamento, un especialista. Ese aprendizaje lo intenté llevar a la cancha.

¿Por qué crees que en los últimos años se han perdido los valores morales, tanto en el futbol mexicano como en el internacional?
Primero por el imperio del dinero, porque el futbolista está inmerso en la dinámica de ganar a cualquier costa, sin importarle el precio. Y segundo, porque es el único deporte en el cual el atleta se prepara para hacer trampa, y para ganar haciendo trampas. Porque perder la ética, es decir, ganar con trampas, en el futbol no te conlleva ninguna sanción. Por el contrario, alabamos la viveza, la picardía, la trácala e, incluso, hay quienes, como en el caso de

Maradona, las festejan. Por eso en este deporte se ha perdido el *fair play*. Maradona es un tramposo porque usar la picardía para ganar en mala lid se llama, simplemente, trampa.

¿A qué se le debe dar prioridad, a la función formativa o a la mentalidad ganadora?
En otros deportes se antepone la formación de valores a la habilidad. En el futbol no. No todos, sin embargo casi todos los que forman a los chavitos en el futbol les inculcan las trampas. No les enseñan a respetar al oponente ni a la autoridad. Les dicen: "Cuando saltes métele el codo, métele el pie, carga al portero". En otros deportes se inculcan primero los valores, pero, insisto, en el futbol no. Les enseñan a hacer trampas desde chiquitos. No digo que otros deportes sean mejores que el futbol, aunque en otros primero se les infunde la formación de valores y después les enseñan a jugar. Aquí no, aquí te enseño a jugar y a ganar a cualquier precio.

Por supuesto que se debe dar prioridad a la función formativa sobre la mentalidad ganadora porque, desde luego, nadie quiere perder en la vida, todos queremos ganar, pero debe imperar el sentido moral, afectivo, la búsqueda de realizaciones personales.

Sin embargo, esto no sólo es problema del futbol, sino de la vida misma. Lo primero es tener valores sólidos. ¡Claro!, yo quiero que mi hijo sea un gran profesionista, pero primero que sea un ser humano sólido, buen padre, buen esposo, buen ciudadano. De qué sirve que sea un gran ingeniero si no puede tener una relación afectiva con su mujer ni contar con buenos amigos. Eso no lo consigues sin una adecuada educación formativa en principios y valores. Muchos jugadores se quedarán en el camino, no todos pueden llegar pero sea como sea, debes tener la satisfacción de que formaste buenos seres humanos.

Y tu once ideal, ése con el que jugará la Sub 17 la Copa del Mundo el día de mañana, por lo menos vas de gane si son buenas personas.

Lo importante es inculcar principios. Debes tener la satisfacción de formar seres humanos sólidos. Ahí está el ejemplo de Carlos Vela, un chavo sin apego a nada, ya no digamos a su país, ni a su familia.

El futbol, como deporte de asociación, debería ser un crisol maravilloso para formar valores. De hecho, así ocurre en algunos países, pero no en México. Aquí se privilegia al chavo que juega bien. Te encuentras a jovencitos que juegan muy bien a los 14 años y son alcohólicos a los 17 porque nadie se toma la molestia de inculcarles valores.

¿Qué valor debe prevalecer en la cancha para que los jugadores de ambos equipos jueguen de manera justa?

Es complicado jerarquizar un valor por encima de otros. Sin embargo, considero que la lealtad es el valor principal porque es universal y, como ocurre con cualquier valor, se debe empezar por poner el ejemplo con uno mismo. Quien es leal consigo mismo lo será también con los demás. La lealtad conlleva el compañerismo y también el respeto para el adversario. Ese es el valor que yo enaltecería sobre los demás. La lealtad debe prevalecer sobre los otros valores. Por supuesto, en el futbol no queremos monjes, ni hermanas de la caridad. Sí, que peleen como perros por ganar en la cancha, sin jamás olvidar la máxima: "Que la victoria sin honor es una victoria sin valor". No debe buscarse ganar a cualquier costo. Debe lucharse por alcanzar la victoria pero con lealtad, con seres humanos integrales que combatan sin hacer grillas ni trampas.

¿Cómo debe sancionarse la conducta agresiva de un jugador?

El árbitro es un juez, un tipo que aplica la ley, sin embargo debe ir más allá hasta convertirse en un moderador de pasiones. Es en este sentido que se puede aplicar el arbitraje preventivo. Tú no debes salir de la cancha predispuesto a sancionar a tal o cual jugador, desde luego, pero sí puedes salir prevenido ante situaciones muy álgidas que pueden presentarse en determinado juego. Por ejemplo, en el juego entre América y Pumas (22 de febrero de 2014), el foco rojo del América era Rubens Sambueza, y el de Pumas, Marco, *El Pikolín* Palacios. Por tanto, si el árbitro antes que nada logra atemperar los ánimos de Sambueza y del *Pikolín*, podrá manejar la situación, ese es el arbitraje preventivo. Pero si no va preparado, el juego se le va a salir de las manos. Por eso sostengo que el árbitro es un moderador de pasiones. No se trata de que cuando alguien suelte un bofetón le digas: "A la otra". No, vas para afuera. Pero antes de que eso ocurra hay una muy amplia gama de posibilidades. El árbitro durante 90 minutos es un diosecito, tiene un poder omnímodo. Sin embargo, el que puede lo más puede lo menos. Hay muchas maneras de atemperar la rijosidad.

Si únicamente aplicas el reglamento te conviertes en un agente de tránsito. Porque si percibo que ustedes se van a pelear, que ya traen un pique y no hago nada, estoy mal. Sé que por ahí va a brincar la liebre y, a veces, para prevenir un desaguisado, basta con decirle al árbitro asistente: "¡Aguas con esos dos!". Porque ante la vigilancia los seres humanos nos cuidamos. O si un jugador te dice: "Señor, me están pegando", y le respondes: "Espérame, déjame poner más atención", con eso lo desarmas.

Un día, en un partido de final, en León, había un pique muy fuerte entre Roberto Ruiz Esparza, del equipo del Puebla, y un jugador ya grande, del club León, el brasileño Milton Queiroz, *La Tita*. En tiempos extras le anotan dos goles al Puebla, entonces Ruiz Esparza me pregunta: "Señor Brizio, ¿cuánto falta? "Faltan tres minutos, Roberto", le respondo. Y casi, enseguida, me pregunta de nuevo: "Señor Brizio, ¿cuánto falta? Entonces le digo: "No estará usted esperando que pite yo el juego para descontarse a *Tita, ¿verdad?* Ruiz Esparza hizo una mueca reveladora y me dice: "Por favor, señor Brizio, usted me ofende". "Si lo ofendí, discúlpeme, pero por si las dudas. Entonces, estoy seguro que Ruiz Esparza pensó: "Este tipo me descubrió". Y yo puedo jurar que esperaba a que pitara el final del partido para descontarse a *Tita*, era lógico, obvio, pero yo me anticipé y me dije: "Éste no me va a pudrir mi partido", y por ahí a *Tita* le advertí: "Aguas, porque te quieren pegar". Entonces, si no tienes la malicia, la previsión, la experiencia después te paras muy guapo ante las cámaras, como reina de ballet, muy orondo, mientras el otro le está pegando al infeliz aquel y ya te pudrió el partido. A eso me refiero con la previsión.

Ante una agresión del público, ¿qué debe hacer un jugador?
El jugador y el árbitro deben saber que están expuestos a eso. Que te enfrentas a ese monstruo de cien mil cabezas que es el público. Si la agresión es sólo verbal, no hay nada que hacer. Pero hay circunstancias que van más allá, las cuales ni el jugador ni el árbitro deben permitir. Las agresiones físicas, cuando por ejemplo le arrojan objetos al jugador, éste debe avisarle al árbitro, quien debe tomar las medidas pertinentes para evitarlas.

Otro flagelo para el futbol actual es el racismo, porque a veces la gente va al estadio con el ánimo de ofender. Me alarma que los comisarios no hagan nada al respecto. Ahí sí debe tomarse alguna medida contra las agresiones físicas y el racismo, contra las acciones premeditadas que atentan en contra de un jugador o de un equipo. Porque hay personas que sólo van al estadio a eso, a joder. Y no hay hígado que aguante. Alguna vez una tía de mi esposa, que es de Sonora, me preguntó con mala leche: Oiga joven, ¿y usted a qué se dedica?" Yo me pregunté: ¿Qué le respondo a esta méndiga vieja? Y le dije. "Sabe qué, yo soy terapeuta social. Todos los domingos me meto a un estadio para que me mienten la madre cien mil personas durante dos horas, la gente se desahoga y gracias a eso este país funciona".

Al árbitro, sea quien sea, le chiflan. Te mientan la madre y no puedes contestar agresiones verbales, y está bien. Le gritan mil cosas al portero, ¿y qué debe hacer? Nada. Es de risa. Así te va porque eres visitante, pero ya le tocará al otro portero cuando juegues en casa. No puedes ofenderte ni contestar.

Volvamos a Zidane, que no era violento sino temperamental, pero un tipo temperamental fácilmente puede volverse violento. Su rostro era hosco, nunca se relajaba, eso debe tener que ver con su formación, con su procedencia de emigrante argelino. Además, pese a ser muy alto, hacía cosas mágicas con la pelota, pero era casi imposible que hablara, sacarle tres palabras era difícil. Y así se comportaba en la cancha.

¿Cómo se puede tener la certeza de que un árbitro vendió un partido?
Es muy difícil saberlo en el momento pero, tarde o temprano, se sabe. Y eso está científicamente comprobado. No ha habido corrupción en partido alguno, y me refiero Alemania, Italia, a Brasil, en México hubo un intento en ese sentido, en León, en un partido para evitar el descenso, sin embargo, finalmente, todo se sabe. Como decía mi abuela: "Secreto de más de uno ya no es secreto". Si se lo cuentas a tu mejor amigo, a tu novia, en algún momento, mientras beben una copa se lo contarán a sus amigos, familiares. Sin duda. "Secreto de más de uno ya no es secreto".

En el futbol el común denominador es el error. Es un juego donde se concatenan aciertos y errores. En este deporte se perdonan los errores de todos, menos los del árbitro. Entonces, en un juego donde el error siempre es omnímodo, cuando un árbitro comete un grave error, lo primero que se piensa es: "Este rata está vendido" porque es más fácil suponer que detrás del error hay mala fe, en vez de pensar que se equivoca simplemente porque es un ser humano, porque a veces está mal colocado.

Así me pasó en octavos de final en el Mundial de Estados Unidos, en 1994, con Gianfranco Zola. Creí que había cometido una falta y lo expulsé. Sin embargo, al ver la repetición me percaté que me había equivocado. Y bueno, te apenas pero ya no hay remedio. Ya no puedes hacer nada, y no es cinismo, pero la vida no te alcanzaría para arrepentirte de las burradas que cometes en una cancha, algunas de las cuales, incluso, se reflejan en el marcador.

Pero se dice que de manera frecuente el árbitro compensa los errores.
Sí, es cierto. Los árbitros suelen compensar los errores. Es un fenómeno muy frecuente. Por eso hay tan pocos árbitros de élite. Se olvida que el árbitro es un ser humano y que las personas estamos diseñadas para agradar. A nadie le gusta caer gordo. Si piensas que

te equivocaste, la reacción lógica es compensar y, seguramente, yo también lo hice, pero aprendí muy temprano que no es correcto. Si me equivoqué, ni modo. Se acabó la fiesta y a empezar de cero. No es fácil asumirlo porque es un proceso relacionado con la madurez. Antes no ocurría así, no se permitía la entrada de los comisarios a la cancha. No existían estos aparatos malditos (celulares), pero ahora con estos teléfonos te hablan o hablas en el medio tiempo. En los mundiales había televisores pero yo, en el medio tiempo, ordenaba apagarlos. Por ejemplo, el caso de México con Argentina en el Mundial de Sudáfrica 2010: en la pantalla gigante se observó, con claridad, que la decisión del árbitro perjudicó a México. El silbante pudo cubrirse de gloria, y decirle al asistente: "Sabes que, no me digas nada, lo voy a anular". Debió anularlo, pero se requería mucha fortaleza moral y mucha agilidad mental para hacerlo y, de todos modos, le costó la carrera. Tampoco es lo mismo México que Argentina, eso también cuenta. Se requería mucha personalidad. Y, por supuesto, que está prohibido cambiar una decisión mediante la repetición televisiva pero éticamente debió hacerlo.

La expulsión de Zidane en el Mundial de Alemania, en 2006, también fue consecuencia de la repetición televisiva. Es una barbaridad lo que voy a decir pero, técnicamente, el partido de la final entre Italia y Francia debió anularse porque expulsaron a Zidane con el apoyo de un elemento extraño a la cancha, que es la televisión. Ni el árbitro ni el asistente se percataron del cabezazo que Zidane le pegó al italiano. Fue hasta que en la pantalla gigante repitieron el cabezazo que la decisión se tomó. Eso demuestra que debería crearse un catálogo para algunas pocas jugadas. Sin embargo, como antes subrayé, sin abrir la puerta para que el futbol se convierta en un partido de interrupciones porque, como es un deporte de agilidad, si así ocurriera perdería su gracia.

El artículo 28 del Código de Ética de la Federación Mexicana de Futbol advierte que está prohibido que los jugadores se dopen, ¿cuál es la sanción si se les descubre?

La guerra contra el doping debe librarse a rajatabla. El doping se define como el deliberado propósito de ingerir una sustancia para obtener una ventaja. Ahora bien, si ingiero un calmante y me duermo, no incurro en doping. Y si el deportista lo hace a propósito debe ser expulsado del futbol, sin concesiones porque daña el espíritu del juego. Al respecto debería haber tolerancia cero. Las sanciones deberían ser súper drásticas pero los controles antidoping han sido muy laxos y poco transparentes. Nadie sabe, a ciencia cierta, en dónde se examinan las muestras, ni quién dice si hubo o no doping. Falta mucha transparencia en el futbol mexicano.

El jugador que se dopa se vuelve esclavo de la pastilla, siente que el día en que no la ingiere no rinde al máximo. Aquel jugador que cruza el umbral no lo deja. Ahora que no es lo mismo la drogadicción que el doping, porque puedo doparme sin ser drogadicto, y puedo dar positivo en mariguana y no doparme. O consumir coca y no doparme. En ese caso, el jugador que consuma cocaína debe ser sancionado, por supuesto, aunque no por consumirla significa que se dopó.

Al respecto falta mucho por legislar. El tema está en pañales pero, pareciera que si lo abordas en la Federación Mexicana de Futbol, o en las esferas de poder el tema se vuelve tabú. A botepronto afirman: "No existe doping", así, sin corroborar nada. Te dicen: "No hay doping, es que comieron carne contaminada". Pero espérate, piensa uno, no emitas juicios antes de practicar los exámenes correspondientes. Para empezar, no eres médico. Y si emites juicios sobre un tema que no dominas, te vas a equivocar. Entonces, espérate a que vengan los especialistas.

¿El futbolista tiene conciencia de las herramientas morales y éticas que su actividad deportiva conlleva?
Creo que no porque la fama y el dinero, la popularidad que conlleva esta actividad los afecta, sobre todo cuando los jugadores comienzan a triunfar, son muy jóvenes y piensan que el éxito será eterno. Los valores y principios son como calles que no se cruzan

con ellos. Tal vez hay jugadores con valores, algunos con una formación familiar ética, pero no son la mayoría. Es más, en algunos casos hasta les estorban los valores. Hay verdaderos gañanes, unos patanazos a quienes los principios les valen gorro. ¿Qué tiene en la cabeza un tipo que sale a la cancha con un alfiler para lastimar al oponente? Es una realidad. Les estorban los valores.

¿Entonces el futbol no es una herramienta para inculcar valores?
Definitivamente no. Como lo comprueba todo lo que sucede alrededor de un partido en la actualidad. Por ejemplo, van las barras al estadio y la policía las cuida. En vez de proteger al público, al ciudadano normal, cuida a las barras del ciudadano. ¡Absurdo, ridículo! Los cuidan para que no se peleen, para que no roben, los pastorean para que no cometan destrozos. Porque si se encuentran barras contrarias, se matan. Y después, en el estadio, proliferan los cánticos majaderos, ofenden al portero. Y mientras, en la cancha, los jugadores engañan, se dan de patadas, fingen que les pegaron. Unos meten el codo, golpean al adversario cuando creen que no los ve el árbitro, patean a la mala al rival. Y así se impone el más perrucho, el más gandalla. En ese sentido, el jugador y el futbol no son transmisores de valores, sino de antivalores. El más guapo, el más fuerte de la película es el que triunfa. Creo que el futbol de hoy, como ha sido diseñado en México es un promotor grandote, enorme de antivalores. Es una desgracia.

Las barras están formadas por gangsters. Pero la ausencia de principios no sólo abarca al futbol profesional. Basta con ir a una canchita de futbol infantil para comprobarlo: el entrenador les enseña puros antivalores, mientras la mamá le mienta la madre al árbitro como si fuera camionera y el papá se quiere pelear contigo si no alineas a su hijo. Yo tenía una cancha aquí, en Yautepec, en donde impuse una regla: "Papá majadero, se va el niño". En consecuencia, me retaron a golpes, me amenazaron de muerte, con cerrarme la escuela. El papá le grita al chamaco: muévete a la izquierda, a la derecha, corre, fíjate... Y el pobre chamaco parece canica en bacinica, no sabe ni para dónde hacerse. Es una locura.

El futbol se ha convertido en una incubadora de antivalores, esa es mi opinión. Tristemente así lo he constatado y puedo comprobarlo.

Encontrarse con una barra o porra en el metro, en la calle, en cualquier parte es una pesadilla. La cantidad de majaderías que genera el jueguito y, trasládalo a los partidos llaneros, el montón de groserías que circulan. Un chamaco mete un gol y no corre a festejar, sino a orinarse como Cuauhtémoc Blanco.

Jorge Valdano y César Luis Menotti sostienen que a las barras las sostienen los directivos, y que aquellas son una especie de sicarios de éstos. En México no se ha llegado a ese extremo. Las primeras barras las importó el Pachuca como grupos de animación. Y, en efecto, las solapan los clubes. Pero aquí aún no se transforman en un Frankestein, como en Argentina, en donde irrumpe en los entrenamientos y quitan al técnico. Aquí todavía no llegamos a eso. Pero de que ya son grupos incontrolables, incluso en México, es innegable. La primera pregunta que le hago a los directivos del Pachuca o del Monterrey es: "Si son porras ¿por qué no tienen credencial? Si es una persona afín al club y les das boletos ¿por qué no sabes quienes la forman?, ¿a quién les das los boletos? Porque se los dan a un pelado que los revende, que agarra a una bola de gañanes de su colonia y van al estadio y ni siquiera ven el partido. No les interesa. El grito de la barra es monotonal, sin emoción. Porque yo debo saber a quién admití en mi casa. Y hablo de ciudades con niveles socioeconómicos altos, como Monterrey, de clubes serios. Porque hay compromisos, la impunidad impera en todos los sentidos en el país. Y nadie hace nada para combatirla.

¿Qué valores del futbol te han servido para tu desarrollo?
Sobre todo el amor al trabajo. Yo soy un tipo que trabajó todos los días para elevar su especialidad casi a la altura del arte. Yo entrenaba casi todos los días, y en aquel tiempo se entrenaba martes y jueves. Entrenaba incluso a deshoras. Terminaba a las dos, tres de la tarde mis asuntos en el despacho, y a esa hora me iba a entrenar. Y comía hasta las seis de la tarde. Me iba a los estadios, más que

a ver el partido iba a ver al árbitro. A ver cómo juegan, quién es el pegalón, quién te puede pudrir el partido, a eso iba. Grababa mis partidos, los estudiaba. Las jugadas importantes. ¿En qué me equivoqué? ¡Ah!, si es que estaba mal colocado. Y otro valor fundamental, aunque puede sonar muy trillado, es la honestidad. Y ya no para que no vendas un partido, a mí nunca se me acercaron para proponerme una cosa así, se trata de la congruencia entre lo que dices y lo que haces. Del apego al trabajo. Eso me permitió incluso pensar con anticipación en el retiro. En recoger mis tiliches y vámonos. Lo que tenía que hacer ya se hizo. Se acabó. Para eso también me sirvieron los valores.

Los escándalos mayúsculos en Europa que afloraron en 2013, la participación de la mafia en el futbol que obligó al retiro de Jöao Havelange, en lo que ha sido un escándalo monumental que involucra a árbitros, directivos y jugadores en la compra–venta de partidos. En apuestas ilegales, que debió cimbrar la estructura del futbol internacional y local, por lo menos en México no repercutió en absoluto.

Es indignante comprobar que el imperio más importante del mundo, la FIFA, está por encima de los Estados nacionales. Es un verdadero suprapoder. Y si un Estado toma determinaciones en contra de la FIFA, ésta desafilia a su federación nacional. Las federaciones tienen sobre ellas la espada de Damocles de la FIFA, que es una mafia. Indigna que el organismo rector del deporte más importante de la Tierra, el futbol, la religión de religiones, cuente con más países afiliados que la propia Organización de las Naciones Unidas. Y todo lo que sabemos es que la dirige una mafia de poder capaz de corromper a los más altos niveles. Y lo más triste es que en México tan grave situación no repercute críticamente. Aquí repercute, pero en nuestro ADN de corrupción e impunidad. En México siempre se asocia a la corrupción en el futbol con el árbitro. Nadie supone, por ejemplo, que un jugador falló un gol a propósito, y menos aún se dice. Todo el tema sobre la corrupción se vincula con la autoridad, que en la cancha es el árbitro. Ese escándalo, que debería haber indignado y movido la conciencia del mundo, y del ámbito futbolístico en México, aquí se olvidó como si no tuviera importancia. En nuestro país pasan cosas terribles, pero a la gente no le interesan. El famoso Pacto de Caballeros, mediante el cual se impide que un jugador recupere su libertad, existe en México. No está escrito, pero existe. ¿Y quién levanta las manos para impedirlo? Nadie. Es algo monstruoso y nadie protesta, ya no digamos que mueva los cimientos. No pasa nada.

Y olvídate de partidos amañados, habría que ver el tamaño de la corrupción de la CONCACAF, y no pasa nada. Que siga la fiesta. Aquí todo mundo conoce dónde viven los narcos y tampoco pasa nada.

¿Crees que afectó la moral del futbol la sufrida eliminatoria rumbo a Brasil 2014?
Lo peor que puede ocurrir en una etapa de crisis es la inmovilidad, apanicarte cuando enfrentas un problemón. Y eso, precisamente, es lo que hicieron los federativos. Íbamos de mal en peor y sólo atinaban a decir "que siga *El Chepo*, que siga *El Chepo*". Y no fue sino hasta que se tomó una decisión en las altas cimas del poder, por encima de la Federación, que se logró clasificar. Y ahí viene otra vez la maledicencia. En la calle te dicen: "No hombre, con lo que estaba en juego, a los de Nueva Zelanda les dieron lana, un millón de dólares por cabeza". Te lo dice, incluso, gente preparada, con valores, inteligente.

Y cuando me dicen eso les pregunto: ¿Tú aceptarías un millón de dólares a cambio de dejarte ganar un partido? Si me dicen que sí, les respondo: "Ahora comprendo tu posición". Y si dicen que no, les advierto: "Entonces, ¿por qué supones que el señor sí lo agarró? El señor tiene familia, dignidad, una historia". Y la gente dice, es típico: "Televisa va a perder millones de dólares, pues que reparta 23 millones para que se dejen ganar los adversarios". Así pensamos porque nos circula por la sangre el ADN de la corrupción.

Marx decía que la religión es el opio del pueblo, ¿crees que el futbol también lo es?

El futbol es el distractor más a la mano que tenemos. Más que enajenación, es alegría. No es el opio. Lo único que lamento del arbitraje es que me quitó la posibilidad de ser un aficionado normal. Ya no me emociona, cae un gol y en vez de festejar, analizó que hace el abanderado. Envidio al aficionado que sufre y vibra cuando gana su equipo. Porque más allá del patrioterismo, el futbol es una renovación, como el cambio de piel de los reptiles. Y ahora sí, se piensa, van a ver cómo ganamos con *El Piojo*, como sucedió con *El Vasco* Aguirre. El Mundial es momento para la renovación, para la alegría.

Por desgracia, se ha perdido la génesis del juego, la de solazarse, la de jugar por placer. Y los primeros que la han perdido son los jugadores. Esa ceremonia tan bella, que recuerda al Circo Romano, cuando salen los jugadores del túnel a la cancha, en vez de disfrutarla, la sufren. Los jugadores les gritan a los contrarios: "los vamos a matar", sucede aquí y en Rusia. Y huele a adrenalina, les ves las caras descompuestas, de odio. No se divierten, hay tanto en juego que dejó de ser un juego.

Tus respuestas son más bien las de un hombre crítico del sistema, y del sistema de futbol e, incluso, de un hombre radical que se opone a la manera en que se maneja institucionalmente un deporte.

Yo concilio el tema de mi actividad profesional porque no trabajo en el comentario editorial, informativo. Mis comentarios críticos los sostengo en lo personal, con mi familia. No soy un hombre partidista pero participo en cuestiones políticas. Soy radical sin caer en la necedad. Pero lo que digo es simple y sencillamente la realidad. Parece inconcebible que este juego se dirija de la manera en que se hace. Y me lleva a pensar qué tan generoso es el producto que es capaz de soportar tanta basura en su interior, y aún así seguir siendo atractivo.

Arturo Brizio conoce los alcances de sus afirmaciones, y las sostiene, e insiste en señalar los equívocos de los altos directivos del futbol.

He sido congruente conmigo mismo. Recuerdo, por ejemplo, cuando me retiré del arbitraje, que la primera oferta de trabajo que me hicieron fue de la Federación Mexicana de Futbol. Entonces me dije: "No sé qué voy a hacer con mi vida deportiva, pero sí sé lo que no quiero hacer: y no quiero trabajar en la Federación". En 1994, antes del Mundial, me quitaron un partido con el pretexto de que un equipo se había quejado de mí. Entonces me dije: me voy al Mundial, pero retirado del futbol mexicano. Y les respondí: "Hagan lo que quieran. Como dijo el borrachito. 'Ya dije'". Y jamás me he retractado.

En otra ocasión, Tomás Boy me acusó de ser un bandido, en un clásico entre Monterrey y Tigres. Les advertí: "Lo voy a demandar". Edgardo Codesal me respondió: "No lo puedes demandar porque te desafilian". "Me vale", le respondí, "porque yo dejo de ser árbitro mañana, pero sigo siendo abogado, y como vivo de una profesión en la que subyace la confianza, no puedo permitir que este señor diga que soy un ladrón". Al día siguiente me hablaron: "Oye, te mandan decir de Monterrey que si aceptas una disculpa pública". ¡Claro!, acepté, tampoco estoy loco, pero no permito que me acusen de ser un ladrón. Entonces, después de esos choques con el poder, ¿voy a trabajar con ellos? Por supuesto que no, ¡por favor!

Enrique Meza

Portero del Cruz Azul y Tigres en las pasadas décadas de los sesenta y setenta. Desde mediados de los años noventa, el profesor Enrique Meza ha sido director técnico del Cruz Azul, Morelia, Toros Neza, Pachuca, Atlas, Toluca y Selección Nacional. Ha ganado tres títulos de liga y una Copa Sudamericana hasta el primer semestre del 2014.

Solidaridad, lo esencial: Meza

¿El futbol remite valores?
Sí, hay muchos autores que así lo sostienen, entre ellos César Luis Menotti, quien dice que el futbol te predispone a la felicidad. El futbol te ayuda a vivir con orden y a mejorar tu vida. Y lo que más necesitamos es solidaridad. Por ejemplo: sería incongruente que limpiara mi casa y echara la basura fuera de ella. Necesitamos ser congruentes en el futbol y en la vida, y ser solidarios es indispensable no sólo para salvarnos a nosotros mismos, sino también a los demás. En el futbol nadie puede salvarse solo.

¿Qué valores te ha dado el futbol?
Para mí primero está Dios, luego mi familia y enseguida el futbol. Gracias a este deporte cuento con numerosos amigos, así como con valores morales y éticos que son muy difíciles de encontrar. El futbol me ha fortalecido. Vince Lombardi decía que ganar no lo es todo, es lo único. Pero después, en un libro, reconoció que se había equivocado al respecto porque no debe ganarse de cualquier manera y menos haciendo daño. Por el contrario, debemos mejorar nuestro quehacer y hacer las cosas de la mejor manera posible.

Los valores tradicionales han desaparecido de forma gradual porque hoy se busca tener, poseer, en vez de comportarse con moral y ética.

¿Qué valores adquiridos en el futbol le has transmitido a tu familia?
Tengo mucha fe, a pesar de que en ocasiones las cosas se ven oscuras. Tengo mucha fe y busco transmitírsela a mi familia y a mis jugadores. Sin fe nada puede hacerse. A mí me ha tocado vivirlo muy de cerca porque soy un tipo de perfil bajo, y todo mundo decía que me iba a ir mal. De pronto se cumple lo que todo mundo vaticinó, pero son ciclos que se dan.

Siempre he tenido mucha fe. Soy hijo, padre, hermano. Y gracias a mi experiencia tengo la posibilidad de transmitírselas.

¿Algunos de los valores adquiridos en el futbol te han servido para desarrollarte socialmente?
No lo sé realmente, sin embargo sí sé que siempre recibo muy buen trato de todo el mundo. La gente siempre recuerda que he intentado ser un hombre decente, no sé si lo he conseguido pero he tratado, de forma constante, de comportarme como tal. Y las personas lo tienen presente. No me recuerdan por los triunfos que he logrado, sino porque siempre he sido un tipo responsable que ha dado la cara y ha enfrentado los retos.

¿En qué medida se debe al futbol y al deporte en general la integridad de tu persona?
Crecí en una familia muy modesta pero llena de amor. Fui el menor de seis hermanos y me trataron con muchísimo cariño. Nadie me pegó nunca, a pesar de que era vago y flojo, pero aun así nadie me maltrató. Por tanto, así me comportó. Trato a la gente como a mí me gustó que me trataran.

Tú que has tratado a tantos futbolistas, ¿crees que hoy el futbolista tiene conciencia de las herramientas morales y éticas que su actividad deportiva le otorga?
No lo sé. Fui un futbolista que siempre me esforcé muchísimo, disfruté mi carrera a pesar de que jugué poco. Tuve la fortuna de salir campeón varias veces y de compartir con grandísimos jugadores. Hoy los muchachos viven al día y, por desgracia, muchos no aquilatan los valores porque piensan que siempre estarán en la cúspide, pero se olvidan que cuando se llega arriba sólo se puede caer. Y se baja si no se mantienen los niveles. Como jugadores nos volvemos tomadores e irresponsables. Hay futbolistas que cada año cambian varias veces de automóvil y, casualmente, son los mismos que cambian también de esposa y al final son hombres abandonados.

Un hombre sin familia no sirve para nada.

¿La labor de un técnico es concientizar al futbolista justamente de esto, para ser más centrados y previsores en la vida?
Dice Don Nacho Trelles: "Haz lo que yo digo, no lo que yo hago". Esas cosas van de acuerdo con la filosofía de la vida de cada quien. A veces los futbolistas queremos vivir a la velocidad que jugamos y, cuando nos damos cuenta, ya tenemos 34, 35 años de edad. Y es momento de retirarse... a veces sin un peso en la bolsa, a veces sin familia, que es lo más triste porque nos la pasamos viviendo del cuento (porque vivimos mucho del cuento). Es tan bello el juego que cada día deberíamos dignificarlo. Terminamos de jugar a los 34, a los 35 años, a los 38 los más afortunados y, en adelante, queda el resto de la vida, y la vida es demasiado hermosa pero muy corta, y nos pasamos el resto de ella recordando.

Hay que hacer de cada día una pequeña obra de arte.

Enrique Borja

Ex futbolista, Enrique Borja es uno de los pocos jugadores mexicanos que se han ganado, por unanimidad, el título de ídolo. Fue tres veces campeón de goleo con el América, a principios de los años setenta. Debutó con los Pumas de la UNAM, desde donde dio el salto a la Selección Nacional con la cual participó en dos Copas del Mundo: Inglaterra 66 y México 70. En su primer encuentro mundialista marcó gol a Francia en el mítico estadio de Wembley, en Londres. Ha sido exitoso empresario, presidente de Necaxa, Tigres, San Luis y de la Federación Mexicana de Futbol.

Conciencia de equipo, clave: Borja

¿El futbol es un transmisor de valores?
Sí, claro. El futbol tiene una serie de valores universales inherentes al ser humano. Eso se transmite porque no es un deporte de

computadora, se juega con seres humanos, y las personas tenemos sentimientos, pasión. Y al tratarse de sentimientos, se rige por valores.

¿Qué valores te ha proporcionado el futbol?
Naces con valores como el conocimiento de ti mismo y de tus compañeros. Se aprenden la disciplina, el respeto, el esfuerzo, a levantarse tras cada tropiezo y a continuar. A entender que nadie te regala nada; que tienes que comportarte bajo un marco legal. Que se puede triunfar sin necesidad de hacer trampa, siempre con un compromiso.

¿Cuáles de estos valores o referentes morales le has transmitido a tu familia?
Se los he transmitido a mi familia, pero también mi familia me los ha transmitido a mí. La enseñanza de los valores debe ser recíproca. He tratado de darles respeto a ellos y a la gente que los rodea, de conminarlos a siempre intentar. A tener el valor de conocer lo que cada uno es. El valor de la honestidad, que es muy valioso, así como buscar romper esos paradigmas que indican que no se puede: tú tienes que saber que sí se puede.

¿Algunos de estos valores adquiridos en el deporte o en el futbol te han servido para desarrollarte socialmente?
¡Claro! En un equipo hay que lidiar con compañeros. Y digo lidiar porque convives con ellos, en ocasiones más de lo que convives con tu familia. No todos los compañeros son como tú piensas y viceversa. Hay que tener conciencia de la necesidad de trabajar en equipo, del orgullo de pertenencia para superar retos, tener liderazgo.

A veces la gente no comprende bien lo que significa el liderazgo. No es lo que tú te das, sino lo que la gente reconoce en ti, por lo que se convierte en una doble responsabilidad. Aceptar y transmitir esa responsabilidad para ser un líder, pero positivo, para transmitir, para impulsar y sobresalir en los momentos difíciles y en las dudas. Modificar conductas en bien del equipo, echando mano de lo que tienes. El futbol te ayuda mucho en esa tarea.

¿Está consciente el futbolista de estos valores que le proporciona el futbol?
Como en todas las épocas, nunca hay valores completos. Hay quienes se guían por diferentes patrones y llegan a sus metas por distintos caminos, pero hay valores universales que deben prevalecer aun en esas personas con valores distintos.

¿El futbol te fortaleció los valores que adquiriste familiarmente o te proporcionó otros diferentes?
Las dos cosas: me fortaleció muchos de los valores que ya tenía y me otorgó otros que aprendí hasta estar metido de lleno en el futbol. Creces con tus amigos y hermanos pero en un equipo ya no eres solamente tú.

El futbolista no es como el tenista o el torero, debes ser consciente de que todo lo que haces repercute en tus compañeros y viceversa. Hay que estar consciente de las virtudes y los defectos de los compañeros pero también de los rivales, así como de tus propias virtudes y de tus defectos.

Jesús Bracamontes

Ex futbolista, portero, sobre todo en la segunda división mexicana, aunque llegó a debutar en la primera con las Chivas del Guadalajara. Saltó a la fama como director técnico, dirigió a las chivas en dos ocasiones, a Tecos y a Correcaminos en la primera división. Fue secretario técnico de la Selección Nacional en la era de Ricardo Lavolpe. Se desempeña como analista en las transmisiones de la cadena Univisión, tanto de la liga mexicana como selección mexicana. Analista en Copas del Mundo.

Hay valores secretos en el futbol: Bracamontes

¿El futbol es un transmisor de valores?
Seguro. Hay algunos muy notorios como el compañerismo, la amistad, la lealtad... Muchos de estos valores te forman, te permiten madurar en el trato con el compañero, en esa vivencia personal. En la competencia se generan muchas situaciones como el rencor, el coraje e incluso el odio, que debes aprender a controlar. La lealtad y la relación con el compañero dignifican tu profesión.

Estuve en España para tratar de comprender la diferencia entre el futbol español y el de México y la única diferencia que encontré es la forma en la que ellos dignifican su profesión. En general, el europeo cuida mucho su profesión, hasta los aspectos más elementales. El futbol es una profesión de la que debes enorgullecerte. Es un don que debes valorar.

En el futbol hay valores que te forman como persona y como jugador.

¿Qué valores te ha proporcionado el futbol o el deporte en general?
Lealtad, honradez (aunque se habla de la venta y compra de partidos), compañerismo, amor a un escudo, a un color y a un Club, así como deseo de superación. Hay muchos valores que no percibes porque se esconden en un deporte. Debemos percatarnos de los valores que se experimentan a través de un juego como el futbol.

¿Esos valores se los has transmitido a tu familia?
Al revés: de mi familia los he llevado al campo de juego.

¿Y a tus hijos?
Es que para mí ha sido más fácil, a partir de mi forma de ser, transmitirlos al futbolista.

¿Esos valores te han servido para desarrollarte socialmente?
Por supuesto, he madurado, he crecido. El futbol me ha enseñado respeto y solidaridad. Hay un sinfín de valores que, insisto, no te das cuenta que los estás viviendo.

¿El futbolista está consciente de los valores que le deja el futbol?
No, se nota la forma en que se reclaman entre compañeros. No te das cuenta que es una falta de lealtad hacia el Club y hacia tu compañero. Con el tiempo te cae el veinte y te das cuenta de todos esos valores que desarrollaste sin haberlos buscado, y es hasta que te haces un análisis, o hasta que, como en este caso, te lo preguntan que te das cuenta.

José Luis Chilavert

Fue nombrado en tres ocasiones el mejor portero del mundo. Participó en las Copas del Mundo de 1998 y 2002 con la Selección Nacional de Paraguay. Controvertido portero–goleador, a lo largo de casi 20 años de trayectoria profesional anotó 62 goles (45 de penal y 17 de tiro libre). Fue campeón con Vélez Sarsfield, de la liga argentina, la Copa Libertadores y la Copa Internacional. Defensor del futbolista y de la transparencia dentro del futbol sudamericano.

Trabajo y educación, soportes invaluables: Chilavert

¿Consideras que el futbol es un transmisor de valores?
Sí, no tengo duda. Los grandes referentes, los ídolos, son admirados por millones de niños a quienes les gustaría ser como ellos. Pero hay que ser muy cauto porque somos seres humanos normales. Son fundamentales el trabajo y la educación para transmitir a la gente, a través de conceptos muy claros, porque con ciertos gestos o ciertos actos se manda un mensaje diferente, y muchas veces ellos no saben discernir que uno está trabajando.

En definitiva hoy los chicos copian todo lo que ven en la televisión o en un campo de futbol. Debemos cuidarnos muchísimo y no cometer errores.

¿Qué valores te ha proporcionado el futbol?
El principal es la practicidad y la simpleza de educación que tuve en mi infancia. Mi padre siempre me decía: "Es preferible ser pobre pero honesto". Cuando tienes una profesión la amas. Yo siempre digo que los valores no se cambian ni se discuten. Hay que cuidar siempre que un niño, cuando va creciendo y triunfando, no sólo en el futbol, ayude a fortalecer a la familia. Hoy se ha perdido bastante y se le falta el respeto sobre todo a la gente mayor.

¿Qué valores le has transmitido a tu familia, a tu hija?
Yo nací en el seno de una familia muy pobre y trato de darle siempre lo mejor a mi hija para que ella no sufra lo que yo sufrí, pero estoy consciente que la puedo dañar. Quizás, en el fondo, no soy tan generoso. A veces me decía que quería una muñeca u otras cosas y yo le respondía que no tenía dinero, sin embargo de inmediato me contestaba: "Ve a buscar dinero al banco".

Yo intento enseñarle que no todo en la vida se puede, a veces es necesario ponerle cierta distancia para que reconozca el valor de ese juguete o lo que sea, lo que le ha costado a los padres.

¿Qué valores le transmitiste al público que te observó durante tantos años en un campo de futbol?
La credibilidad y el amor propio al brindarme de lleno al espectáculo. Dar todo, no guardarme nada. Era una especie de *showman*, aunque primero trataba de dar garantía y seguridad a mi equipo. Lo lindo es que siempre he tenido el respeto, donde he estado, fundamentalmente, de los niños.

¿Los valores que adquiriste o que fortaleciste en el deporte te han servido para desarrollarte socialmente?
Sí. Es lindo que fundamentalmente un deporte se pueda convertir en una profesión. El deporte y el estudio son compatibles. Los niños no tienen que abandonar el estudio por el futbol porque hay que cuidar al ser humano y puede que su vocación lo conduzca a buscar otra profesión, a formar una buena familia y disfrutar.

Somos muy pocos los privilegiados que tenemos la posibilidad de jugar al futbol de manera profesional.

¿En la actualidad el futbolista está consciente de que los valores que le proporciona el futbol son una herramienta para el resto de su vida? En un gran porcentaje, sí. Uno trata de rescatar lo mejor. Hubo referentes importantes en el futbol internacional que se olvidaban de los valores. Se contaminaron con tentaciones que los tentaban a mitad de camino, y al terminar su etapa dentro del futbol se encontraron abandonados, sin una familia sólida y sin amigos. Esos ejemplos los ven los futbolistas jóvenes y tratan de aprovecharlos al máximo. Hoy ya saben valorar el esfuerzo y lo que tienen.

¿Durante su carrera?
Correcto. Ya son mucho más inteligentes que los de generaciones anteriores.

Emilio Butragueño

Jugador emblemático del Real Madrid y de la Selección Española. El entrañable *Buitre* siempre fue considerado un caballero de las canchas por su ejemplar comportamiento y lealtad. Multicampeón con el equipo más importante del siglo XX, ganó todo, excepto la Liga de Campeones de Europa, al lado de Hugo Sánchez. Dos veces mundialista (México 86 e Italia 90), convirtió cuatro goles en la fase de octavos de final de la Copa del Mundo México 86 ante Dinamarca. Jugó 463 partidos oficiales y marcó 217 goles con el Real Madrid. Finalizó su carrera en el Atlético Celaya y disputó una final de Liga en la temporada 1995-96. Director deportivo del Real Madrid de 2004 a 2006 y, posteriormente, Director de Relaciones Institucionales.

Futbol, canal para educar niños: Butragueño

¿El futbol es un transmisor de valores?
Totalmente. El futbol es muy importante para la sociedad, especialmente para los jóvenes. Los niños suelen fijarse en sus ídolos, por tanto, éstos tienen una responsabilidad ante la sociedad: en sus actitudes, en sus palabras, en su comportamiento. Debemos utilizar el futbol como un canal para educar a los niños.

¿Qué valores te ha proporcionado el deporte, en especial el futbol?
El futbol es, ante todo, una disciplina. Hay ciertas normas de horarios, de vestimenta, donde existe un entrenador que toma las decisiones y hay que obedecer: a veces juegas, a veces no. Tienes compañeros que te ayudan a ganar, con quienes juegas en equipo. Yo tengo que ser solidario, ayudarte, y tú me debes ayudar para que ambos ganemos. Si no nos ayudamos gana el contrario y ambos seremos infelices. El afán de superación es importantísimo.

Yo debo aspirar a ser mejor y, de alguna manera, hay competencia dentro del mismo equipo, de tal forma que juegan once, pero hay otros que deben quedarse en el banquillo. Como yo no quiero estar en el banquillo tengo que entrenarme bien, cuidarme y pensar en superar cualquier dificultad. Debo acostumbrarme a ganar y a perder.

Cuando se gana se debe respetar al contrario y ser humilde; cuando se pierde, felicitar al rival, pero siempre con ese afán de superación que te lleve a no perder en el futuro y, si sucede, respetar las decisiones de los árbitros que pueden estar equivocadas, sin embargo, son los jueces y puede suceder.

Algo muy importante para un deportista es vivir sanamente. En la actualidad, con tantas tentaciones, quien está dentro del deporte, de entrada, está por un camino adecuado y, en este sentido, los padres tienen la responsabilidad de inculcar a sus hijos que deben hacer deporte. Si es el futbol, fenomenal, porque a nosotros nos gusta el futbol pero, si es otro, sirve para el mismo objetivo, y ahí los padres deben poner especial énfasis.

¿El futbolista actual está consciente de los valores que le deja el futbol?
A mi hijo le encanta el futbol, lo juega porque le gusta y le divierte, además de que le divierte convivir con sus amigos. Yo voy más allá porque sé que el futbol le ayuda a formar su personalidad, aunque para él es sólo un juego como también lo era para nosotros.

El futbol es una manera de expresión de sí mismo, le llena de satisfacciones. En ese sentido estoy muy contento. En Estados Unidos hay un interés especial por el deporte, en los niños se fomenta su práctica, hay instalaciones y entrenadores. En España hay más conciencia y en México más ambición.

¿Es consciente el futbolista profesional de los valores que adquiere a lo largo de su carrera?
Creo que sí, sin embargo adquiere más conciencia cuando se retira. Cuando estamos en activo, quizá porque vivimos en un mundo muy particular y aislado, uno no es muy consciente de todo lo bueno que le pasa, pero cuando te retiras te das cuenta. Dentro del Real Madrid, cuando hablo con los jugadores intento transmitirles eso, sin embargo cada uno tiene su propia visión.

El futbol te da valores éticos y morales para enfrentar muchas situaciones.

Jorge *El Travieso* Arce

Excampeón mundial de boxeo, originario de Los Mochis, Sinaloa. Se caracterizó por su gran valentía y bravura sobre el ring, y por su sencillez y carisma en la vida diaria. Ha participado en todo tipo de actividades, desde bailar hasta el programa Big Brother. Siempre tiene una sonrisa y una broma en la boca, lo cual lo convirtió en un personaje muy popular en México y en las comunidades latinas de Estados Unidos.

Disciplina, primordial: *El Travieso* Arce

¿Crees que el deporte en general es un transmisor de valores?
Sí, definitivamente porque te enseña a tener disciplina, a respetar
a tu rival y a las personas que te rodean.

*¿Hay valores que no tuviste en tu formación social o familiar y que el
deporte te ha proporcionado?*
La disciplina es un valor muy importante que el deporte me en-
señó. En mi casa me consintieron mucho, mis papás me dejaban
levantarme a la hora que quería. Pero en el deporte hay una disciplina que debes respetar para poder destacar: tus horarios de entrenamiento, tus alimentos a cierta hora... Yo destaco la disciplina
en el deporte.

*¿Buscas transmitir este tipo de valores a tu familia, a tus cuates o al
público en general?*
Sí, sobre todo cuando peleo. Ahí trato de transmitirle mi alegría
a la gente. Sin embargo, la perseverancia en las peleas es un valor
que creo proyectar.

*¿Los valores adquiridos en el boxeo te han servido para desarrollarte
socialmente?*
La tenacidad me ha servido mucho para negociar. Definitivamente, los valores que aprendes en el deporte te sirven para tu vida
cotidiana y ganas experiencia.

*¿Es consciente el deportista de que el deporte le puede proporcionar
ciertos valores que le serán útiles el resto de su vida?*
Pienso que sí. Todo deportista de alto rendimiento debe tener
muchos valores, sin ellos no puede llegar a nada. Yo estoy convencido que sí está consciente porque de otra forma no llegaría
a triunfar. Los que no llegan es porque les faltan esos valores.
Por ejemplo, yo tengo un hermano que quiso ser beisbolista, lo
querían firmar los Dodgers de Los Ángeles, pero nunca se quiso

separar de la familia, por lo tanto, no logró su sueño, actualmente trabaja en una oficina.

Cuando el beisbolista llega al alto rendimiento se da cuenta de esos valores y los comienza a ejercer.

¿Pero se da cuenta mientras se encuentra activo o hasta que se retira?
Depende, hay deportistas muy jóvenes que son muy maduros y hay otros que tienen treinta años y todavía no saben lo que quieren. Muchos hasta que se retiran se dan cuenta de que si hubieran ejercido esos valores habrían llegado más alto, pero ya para entonces es muy tarde.

¿Qué valores le faltan al mundo del boxeo?
Honestidad. En definitiva en el boxeo hace falta honestidad, sobre todo a los jueces. A veces se ven decisiones absurdas que uno no entiende cómo pueden darse, decisiones que hasta el que no sabe nada de boxeo se da cuenta que los jueces ven otra pelea.

¿También le falta lealtad?
Sí, porque a veces los boxeadores están con un promotor, pero si llega otro que le ofrece más lana se van con él.

¿Se complementa el boxeo con otros deportes de conjunto?
Subir al ring me da una gran satisfacción, como también me la ofrece un deporte de conjunto. Sin embargo, la diferencia es que si en un deporte de conjunto me siento mal, me desentiendo. Pero en el boxeo se requiere una gran responsabilidad, no puedo esconderme en ningún lado, tengo que enfrentar al contrario.

El boxeo me ha enseñado a ser responsable. Eres tú solo, si no vas bien preparado el afectado serás únicamente tú, nadie más.

¿El hecho de ser especialista en un deporte individual te impide desarrollarte en un deporte de conjunto?
No, para nada. Cuando bajo del ring me gusta echarme una cascarita y jugar beisbol. Me gusta convivir. De los deportes de con-

junto aprendí la solidaridad. Del boxeo, la nobleza tras la pelea, siempre nos damos un abrazo después de ponernos unos buenos madrazos.

Hugo Sánchez

Hugo Sánchez cuenta con un palmarés impresionante, único como futbolista mexicano. Fue campeón con la UNAM en las temporadas 1976/77 y 1980/81. Campeón de goleo en esa última temporada. Cinco veces campeón de goleo en España ('Pichichi'), cuatro con Real Madrid y una con Atlético de Madrid. Cinco veces campeón de liga en España. Participó en tres Copas del Mundo como jugador. En Argentina 78, México 86 y Estados Unidos 94. Como director técnico fue dos veces campeón de liga en México con los Pumas de la UNAM. También dirigió a la Selección Nacional de México.

Respeto y tenacidad: claves: Hugo

¿El futbol es un transmisor de valores?
Sí, por supuesto. Es una vía muy directa para que la gente capte los valores al seguir a sus ídolos, siempre y cuando el mensaje esté bien definido con los diez valores que tú propones.

¿Cuáles valores te proporcionó el futbol?
El respeto es básico. La honestidad, fundamental para darte cuenta que eres capaz y honesto contigo mismo y con el rival, conlleva de nuevo el respeto. El compromiso es contigo y con las reglas del juego, otra vez el respeto entra aquí. Pero también el compromiso en cuanto a metas y objetivos. Hay que comprometerse con uno mismo a mejorar día tras día.

¿Qué valores destacarías en el futbol?
Todos tienen que ver, pero yo me identifico sobre todo con el respeto y la tenacidad. Por supuesto, también con la responsabilidad y la disciplina. La cooperación es muy importante, sin ella no es posible hacer nada en equipo. Si te enumero estos valores, según mi propio orden, empezaría con la disciplina y seguiría con la cooperación. La tenacidad la colocaría en tercer lugar y a la responsabilidad en el cuarto.

¿Cuáles de estos valores has buscado transmitirles a tus hijos?
Procuro transmitirles todos esos valores en determinados momentos. Lo hago a través de mi experiencia durante tanto tiempo como profesional del futbol, en tantos viajes y situaciones diarias. Pero también desde mi experiencia como hijo, padre, hermano y compañero. Si no se ponen en práctica esos valores es muy difícil salir airoso en la vida.

¿Algunos de estos valores te han servido para desarrollarte socialmente?
Sí, ¡claro! La educación que recibí en mi casa se basó en los valores, quizá no con tanto conocimiento por parte de mis padres acerca de lo que nos transmitían. Pero la honestidad, por supuesto, aparte de ser amable, educado y responsable en la escuela. De ellos aprendí la tolerancia. El querer ser que todos tuvimos fue una transmisión de la tenacidad. Me enseñaron a ser leal y a conocer las líneas que uno no debe rebasar. En el equilibrio se agrupa todo.

Orlando *El duque* Hernández

Pitcher cubano. Tres veces campeón de la Serie Mundial, dos con los Yanquis de Nueva York y una con Chicago White Sox. Fue nombrado el mejor pitcher de las grandes ligas y galardonado con el trofeo Cy Young. Salió de Cuba en una balsa, a bordo de la cual permaneció varios días a la deriva. Llegó a Estados Unidos y, de inmediato, se convirtió en una gran figura

del beisbol. En muy poco tiempo obtuvo contratos millonarios, luego de vivir al día en la isla, a pesar de haber sido también un ídolo en su país. Se caracteriza por su conducta humanitaria, su sencillez y sentido familiar.

Tolerancia, eje del crecimiento: *El Duque* Hernández

¿El beisbol es un transmisor de valores?
Definitivamente sí.

¿Qué valores te ha proporcionado o reforzado el deporte de alto rendimiento?
Todos los valores provienen originalmente de la familia. No creo que por sí solos aparezcan en el deporte si antes no existió una base ética en la familia. Estos valores que me dices los he desarrollado en el beisbol y todos son importantes. Pero he sido más honesto, más respetuoso, más disciplinado y, sobre todo, más tolerante conforme he vivido más tiempo en esta profesión.

Al principio, En Cuba, alguien me insultaba desde la tribuna y yo quería de inmediato agarrarme a *piñas*. Le pedía al policía que me lo bajara al diamante, él me hacía caso y ahí lo encaraba con toda ventaja. Después, cuando alguien se metía conmigo en el estadio, lo ignoraba y se acabó. Lo mismo pienso en relación con la crítica de la prensa, dejó de afectarme. Por el contrario, entendí su trabajo.

¿Cuáles de estos valores transmites a tu familia?
Trato de transmitirles todos. No sé si lo hago bien o mal pero, como todos estos valores son fundamentales para la integridad humana no descarto ninguno. Quizás el respeto, la cooperación y la honestidad los pongo por encima del resto, sin demeritar ninguno. Sin embargo, sí pongo especial énfasis en estos tres.

¿Algunos de estos valores te han servido para desarrollarte socialmente?
Sí, ¡claro! Soy muy tolerante con la gente y muy respetuoso. Intento atender a quien se me acerca porque todas las personas merecen respeto. Quizá no se incluya entre los valores que postulas, pero hoy valoro mucho lo que tengo, lo que he ganado. Mis logros me obligan a ser mejor persona y más sencillo. Ese es mi reto diario porque he sido un privilegiado.

¿El beisbolista profesional está consciente que el beisbol le puede proporcionar herramientas para enfrentar el resto de su vida a través de los valores?
Debe estar consciente. Yo dentro del profesionalismo lo he tenido presente. Hay gente alrededor de uno que le ayuda a tener en cuenta los valores pero, en general, al menos lo que yo veo es que los deportistas de alto rendimiento tienen presentes los valores, aunque no estaría seguro si los toman en cuenta como herramientas para su retiro.

Miguel Mejía Barón

Como futbolista jugó siempre con los Pumas de la UNAM. Fue campeón de la temporada 1975/76, secretario técnico de la Selección Nacional en el Mundial de México 86. Como director técnico fue campeón con los Pumas en la temporada 1990/91. Dirigió a la Selección Nacional en la Copa del Mundo Estados Unidos 94, a Tigres, Monterrey, Atlante y Puebla. Se desempeña como director deportivo en el Instituto Tecnológico de Monterrey, campus Puebla, ciudad donde radica. Aunque se encuentra alejado del futbol profesional, en ocasiones analiza algunos partidos y también escribe para un importante diario deportivo.

Enaltecer el futbol, lo fundamental: Mejía Barón

¿Consideras que el futbol es un transmisor de valores?
Sí, indudablemente.

¿Qué valores destacarías en el futbol?
Entiendo que lo primero que te impulsa son aspectos individuales como la libertad, el único que tú catalogas como valor, pero también hay sensaciones como el placer, la alegría y la diversión, o sea todo lúcido y encantadoramente egoísta. Después hay circunstancias que te retan a tomar caminos identificados con el respeto, compromiso, lealtad, responsabilidad, disciplina, perseverancia, ayuda, aunque no sea mutua que, por cierto, incomoda cuando no es así.

Al formularle tres preguntas: 1. ¿Qué valores adquiridos o pulidos dentro del futbol has buscado transmitir a tus hijos? 2. ¿Y a tus jugadores? Y 3. Si les has transmitidos diferentes valores a los jugadores amateurs respecto de los profesionales, responde:
Junto estas tres preguntas porque la respuesta a las tres se relaciona. Es lamentable, pero es sano reconocer que en la educación de mis cuatro hijos no he tenido influencias voluntarias, todos los valores que tienen se los deben a sus madres (dos), porque no conviví de manera normal con los tres primeros: Luis Miguel es ingeniero mecánico electricista. Juan Carlos tiene la misma profesión que mi hijo mayor y es cuate de Beatriz, quien es química industrial. Conviví con ellos hasta los cinco años de casado, después emigraron con su mamá, con ellos me reunía de forma esporádica. Y luego está María Fernanda que es veterinaria. Por fortuna con todos tengo una relación estable y cariñosa, así que esto corrobora que tengo un ángel muy canijo, el cual me ayudó a tener buen ojo con mis compañeras en esta vida pues todos ellos son gente de bien.

Con los jugadores que he tratado en mi trayectoria como secretario técnico y después como director técnico, desde 1976, ya sea en el ámbito profesional o en el amateur, he intentado que entiendan que nuestra actividad es una bendición y que, por tanto, es importante enaltecerla buscando primero disfrutarla, valorarla como un privilegio y aprovecharla para desarrollarnos en la alegría, el compromiso, la unión, la solidaridad y en el orgullo de ganar, pero no de cualquier manera.

¿Consideras que los valores que has adquirido del futbol te han servido para desarrollarte social y laboralmente una vez retirado como futbolista? Sí, indudablemente. El futbol me ha formado, sin embargo los aspectos esenciales de lo que actualmente soy son producto de las bases morales que recibí de mi familia, de mis padres y de mi abuela materna. De ahí derivan esos valores que forman la parte positiva de mi personalidad porque los otros, los aspectos negativos de mi persona, que procuro esconder aunque con dificultad, los he conseguido yo solito, mi trabajo me ha costado.

Diego Forlán

Nacido en Montevideo, capital de Uruguay en 1979, es, por múltiples razones, un futbolista atípico. Su educación, preparación e historia familiar lo diferencian de la mayoría de los jugadores profesionales. Además de sus enriquecedoras experiencias personales y futbolísticas, ostenta una enorme capacidad para adaptarse a las costumbres de diferentes países y tipos de futbol. Habla varios idiomas y son múltiples los éxitos internacionales que ha alcanzado en las canchas.

Ganó el Balón de Oro como mejor jugador de la Copa del Mundo de 2010 en Sudáfrica, en la cual anotó cinco goles. Y dos veces la Bota de Oro en las temporadas 2004/05 y 2008/09, con la que se distingue cada año al mayor goleador de Europa. Es, asimismo, el jugador con más partidos jugados en la Selección de Uruguay.

Ha sido dos veces campeón de goleo en España, hazaña premiada con el célebre Pichichi, en 2004/05 y 2008/09 y campeón de la Copa América en 2011. Con su país conquistó el cuarto lugar en el campeonato mundial de Sudáfrica.

Jugador del Peñarol, Independiente, Manchester United, Villarreal, Atlético de Madrid, Inter de Milán, Sport Club Internacional de Brasil y en el 2014 firmó para el club japonés Cerezo Osaka. Una tragedia marcó su vida e hizo aflorar su sensibilidad: en 1991, su hermana Alejandra, entonces con apenas 17 años, sufrió un accidente de tránsito que a ella le provocó una lesión medular y secuelas permanentes y a su novio le costó la vida. Después de siete meses de luchar por su vida en un hospital, Alejandra, finalmente, quedó cuadrapléjica. Entonces la vida de Diego y de su familia cambió de manera radical y con ella el rumbo de sus sueños y proyectos. Pero como sólo les sucede a los espíritus más fuertes y pródigos, para él la tragedia terminó por transformarse en el impulso para enfrentar la existencia y dotarla de nuevos y más generosos horizontes. De tal forma, para prevenir situaciones como las que sufrió su hermana y ayudar a quienes padecen tan grave aflicción, instituyó la Fundación Diego Forlán.

En su autobiografía intitulada *Uruguayo*, Diego dice: *"Cuando me preguntan si se me ha subido el éxito a la cabeza, me acuerdo en seguida de mi hermana Alejandra, sonrío y respondo lo mismo: 'si conocieras a mi hermana, no me lo preguntarías... si alguna vez me lo creo, ella me bajaría de la nube a bofetadas'"*.

Los valores se transmiten con el ejemplo: Forlán

Diego, ¿para ti que son los valores?
La sinceridad, el respeto y la educación.

¿Cómo se transmiten?
Fundamentalmente a través de la familia, de la educación en el colegio, pero, insisto, de manera primordial por medio de la familia.

Entonces tus valores te los inculcaron tus padres.
Sí, por completo. Lo he dicho en el libro (su autobiografía: *Uruguayo*), ahí relato más o menos cómo recibí mi educación y el apoyo de mi familia hasta el día de hoy.

¿Los valores adquirieron otra dimensión en tu vida a partir del accidente de tu hermana?
Sí, también. Uno empieza a valorar muchas cosas que antes no valoraba, hasta que le pasa a uno o a una persona muy cercana. Entonces con la experiencia de la desgracia de mi hermana uno valora mucho más. Se da cuenta del privilegio que cada uno tenemos de poder hacer lo que se quiere y, por supuesto, de tener salud.

De los siguientes valores: honestidad, respeto, compromiso, tolerancia, cooperación, generosidad, perseverancia, responsabilidad, lealtad, disciplina y equilibrio, ¿cuáles resaltarías?
La honestidad, la responsabilidad, la perseverancia, la disciplina y la generosidad.

¿Cómo se pueden transmitir?
Sobre todo con el ejemplo, tanto fuera como dentro de la cancha. Eso es lo fundamental.

Miguel Herrera

Oriundo del estado de Hidalgo, hijo de doña Marisela, Miguel Herrera Aguirre, conocido popular y simplemente como *El Piojo* es, como muy pocos otros personajes del futbol mexicano, un hombre de contrastes. Fogoso e irascible, en la cancha su pasión parece incontenible. Destila adrenalina a chorros cuando, como director técnico, dirige a un equipo o a la Selección Nacional, como la destilaba también a raudales en su etapa de jugador. Y, sin embargo, pese a las apariencias, siempre es un caballero.

Como futbolista fue campeón con Atlante en la temporada 1992–93 y finalista con Toros Neza en el Torneo Verano 1997. Seleccionado nacional en la Copa América 1993 y las eliminatorias rumbo a la Copa del Mundo Estados Unidos 1994.

Gracias a su estilo de juego alegre y rápido, siempre en busca de gol, antítesis de la estrategia cerrada, gris y defensiva; fue nombrado director técnico de la Selección Nacional, primero en calidad de interino, puesto en el que ganó el repechaje con toda claridad ante Nueva Zelanda y, con ello el pase de México a la Copa Mundial de Brasil 2014. Enseguida fue ratificado como director técnico para esa justa mundialista.

Conserva la misma amabilidad, formalidad y sencillez de sus primeros años en el futbol, posee una memoria privilegiada y siempre tiene espacio para todo aquel que le solicite tiempo.

Si no aprendes a servir, para nada sirves: *El Piojo*

¿El futbol es un transmisor de valores?
Sí, creo que sí cuando lo enfocamos de esa manera, aunque de repente los directores técnicos nos equivocamos y nuestros valores se deterioran. Pero sin duda el futbol puede transmitir valores a los seres humanos.

¿Qué valores te ha dado el futbol?
Disciplina, también actitud. Asimismo, me ha proporcionado el valor de la responsabilidad y, por supuesto, el valor de servir porque si en esta vida no aprendes a servir, no sirves para nada. El futbol me ha dejado valores muy firmes.

De los valores que te ha dado el futbol, ¿cuáles has transmitido a tu familia?
La disciplina, ya que es un valor esencial en todos los aspectos de la vida. Les he enseñado a mis hijas el valor de la constancia para alcanzar la disciplina. Es parte fundamental en el crecimiento de la familia.

¿Cuáles son los valores adquiridos en el futbol que te han servido socialmente?

Como el futbol repercute de manera muy poderosa en la sociedad, los valores que uno debe transmitirle son de deportistas de alto rendimiento, de personas que se dedican al deporte. La sociedad y, sobre todo, los niños y jóvenes, no deben vernos ni fumando ni tomando, ni tampoco faltándole al respeto a la gente por el simple hecho de que somos figuras públicas. Ningún deportista puede mostrarse con una bebida embriagante o un cigarro, y, menos aún, comportarnos con altanería porque siempre hay que tener en cuenta lo que representa socialmente un deportista. Y recordar que debemos transmitir valores positivos a la sociedad.

¿Cuáles valores les transmites a los futbolistas?

El primordial es la unión de grupo y el valor de la disciplina que debemos de tener también como grupo. Si todos nos respetamos, si respetamos al compañero, sin duda obtendremos el respeto de los demás. Si todos nos disciplinamos para respetar un horario, vestirnos uniformemente y comportarnos fuera de la cancha con el mismo compañerismo que dentro de ella, sin duda alguna vamos a funcionar mejor como equipo. En el entendido de que yo tomo decisiones y ellos las acatan y, obviamente, todos nos ponemos de acuerdo para poder ser un grupo homogéneo, en busca del mismo objetivo: actuar con la misma dirección. Es un valor entendido que tenemos como grupo, la esencia para representar a un país.

¿Qué valores le transmites al público?

Obviamente el de la disciplina y cero violencia porque, si ésta se genera en la cancha, termina por transmitirse a la tribuna. Podemos estar calientes, molestos, sin embargo siempre tenemos que transmitir a la tribuna esa pasión, esa entrega y las ganas de ganar, de hacer bien las cosas pero sin llegar, jamás, a la violencia. Hay que comportarnos como verdaderos deportistas, buscar, sí, la victoria, pero con la responsabilidad propia del deportista. Y tratar que el mensaje de la cancha a la tribuna sea: "Gane quien gane siempre debe imperar la actitud deportiva". Al final del partido, tanto el vencedor como el vencido, deben estrecharse las manos. Entender que se trata de una justa deportiva en la cual se lucha para conseguir un buen resultado. Y, si se pierde, ni modo. Y en la tribuna debe ser igual, los aficionados de uno y otro equipo deben entregarse con todo para apoyar a su equipo, y al final reconocer, cuando sea el caso, que el equipo rival fue mejor o, festejar cuando su equipo jugó mejor.

Decio de María

Licenciado en economía por el ITAM, ex Secretario General de la OTI, consultor independiente, Subsecretario de Promoción de la Industria y el Comercio de SECOFI, Subgerente de información financiera del Banco de México, maestría y doctorado en la Universidad de Rice… Todo lo anterior antes de convertirse, en 2004, en el Secretario General de la Federación Mexicana de Futbol, además de creador y Presidente de la Liga MX.

Decio de María es un hombre acostumbrado a navegar entre vendavales y a siempre salir airoso de ellos. Quizá el más complicado fue la sinuosa clasificación de México a la Copa del Mundo 2014. Hombre muy cuestionado quien, junto a su equipo de trabajo, llegó para enfrentar y poner orden en una Federación donde los reglamentos y las finanzas se manejaban a conveniencia.

De él, por lo menos en el ámbito del futbol, se ha dicho todo. Se ha dicho que su llegada al futbol fue pactada en la Secretaría de Gobernación para frenar la entrada de dinero sucio al futbol (versión, que de ser cierta, hablaría de su honestidad).

Lo cierto es que Decio de María, con su estilo muy particular y en privado, muy coloquial, es un dirigente que más allá de los reglamentos, la publicidad, la mercadotecnia y las polémicas, ha puesto especial atención en la parte formativa del futbol y de los futbolistas.

Falta tiempo para obtener éxitos notables: Decio de María

¿Por qué cree que en los últimos años se han perdido los valores morales tanto en el futbol mexicano como en el internacional?
No creo que se hayan perdido los valores en el futbol. Siempre, en todas las épocas y en todas las actividades hay comportamientos morales de todo tipo, depende de muchas circunstancias, pero no es un problema exclusivo del futbol.

¿Cuál es el factor por el cual los jugadores no se desempeñan con ética en su vida profesional?
Obedece a múltiples factores. Desde luego, debe empezarse por la familia, por la escuela, por los valores recibidos a través de la vida. Hay jugadores de todo tipo, pero creo que en buena parte por las obligaciones del mismo juego, por el reglamento y la disciplina a que los obliga la práctica de este deporte. Sin embargo, la mayoría de los jugadores se comporta de una manera adecuada, con las excepciones del caso, por supuesto, aunque éstas son sancionadas por los reglamentos respectivos.

¿Qué valor debe prevalecer en la cancha para que los jugadores de ambos equipos jueguen de manera justa?
Por la dinámica derivada del propio juego, creo que la solidaridad es la principal virtud del futbol. El compañerismo y el juego limpio, el *fair play*, para tratar de vencer, en buena lid, sin agredir a los contrarios.

¿Cómo se sanciona la conducta agresiva de un jugador mexicano?
Como decía, están los reglamentos que contemplan las sanciones a que se hace acreedor quien comete una falta.

¿Cómo se sanciona la conducta agresiva de un jugador extranjero cuando juega en México?
No hay diferencia con los mexicanos, las faltas en la cancha tanto de mexicanos como de extranjeros, se sancionan de la misma manera. En caso contrario, incurriríamos en discriminación.

¿En caso de que el público desde la tribuna agreda verbalmente a un jugador, como debe responder éste?

De ninguna manera. El jugador está obligado a comportarse de manera caballerosa siempre, y más con los espectadores. Jamás debe responder a las agresiones verbales del público y, si lo hace, se le sanciona. Siempre debe comportarse como un profesional.

Cuándo se tiene la certeza de que un árbitro de la Federación Mexicana de Futbol se vendió, ¿cuál sería la sanción?

En mi paso por la Federación Mexicana de Futbol, jamás me he enterado de que un árbitro hubiera vendido un partido. Ha habido rumores pero no se han podido comprobar. Si se comprobara, se le expulsaría del futbol, además de las sanciones legales correspondientes.

El artículo 28 del Código de Ética de la Federación Mexicana de Futbol advierte que está prohibido que los jugadores se dopen, ¿cuál es la sanción si se les descubre?

Es variable, desde una suspensión temporal, hasta la suspensión definitiva. Por desgracia, hemos tenido la necesidad de suspender de por vida a algunos jugadores por reincidir en esta práctica.

¿Cree usted que el futbolista tiene conciencia de las herramientas morales y éticas que su actividad deportiva conlleva?

Como antes advertí, esto depende de la experiencia familiar, de los valores inculcados en la escuela, etcétera. No se puede generalizar. Pero sí, creo que la mayoría tiene conciencia de la obligación de jugar limpio, de que deben actuar con compañerismo y siempre para ayudar a su equipo a conseguir el triunfo, sin incurrir en actitudes antideportivas.

¿Cree usted que el futbol es un transmisor de valores para los jóvenes que empiezan a practicar este deporte?

Desde luego. Los ayuda a madurar, a enfrentarse a situaciones difíciles, a responder ante las presiones del juego. Creo que el futbol puede ayudar a forjar moralmente a los jóvenes.

En lo personal, ¿cuáles valores le ha dado el futbol?
Muchos. A tener disciplina, a ser solidario, a no dejarme llevar por
la sinrazón. A entender que en esta vida a veces se gana y a veces
se pierde.

¿Se los ha transmitido a su familia?
Sí, a mis hijos, ya son grandes. Pero han salido bien. Son buenas
personas.

*Señor de María, en el año 2012 la Federación Mexicana de Futbol
expidió el Código de Ética, ¿hay algún resultado al respecto?*
Sí, sin duda. Aunque todavía es temprano para ver los resultados,
a través del Código hemos tratado de inculcar a todos los involucrados en el futbol la necesidad de actuar limpiamente. Para que
los valores morales se respeten no nada más en la cancha, para
que se comprenda que los principios éticos que lo regulan deben
ir más allá de respetar las reglas del juego. Es decir, que el juego
limpio se lleve a cabo no sólo por temor a las sanciones, sino por
convencimiento personal.

En el Código de Ética se advierte que cualquier individuo que
participe en el futbol está obligado no sólo a respetar los lineamientos que lo regulan, sino a comportarse con ética, respeto e
integridad en su vida personal, no nada más en su desempeño
profesional.

*En los seleccionados juveniles, por ejemplo, en la Sub 13 y Sub 15, ¿a
qué se le debe dar prioridad, a la función formativa o a la mentalidad
de ganar?*
Una y otra son importantes. Aquí quiero precisar que en la Federación tenemos la mira puesta en el futuro. Hemos impulsado a
las selecciones juveniles, pero el fruto de estos esfuerzos no se verá
en lo inmediato. Será hasta el Mundial de 2018, en Rusia, cuando
los jóvenes de hoy alcancen la madurez, y cuando, seguramente, ya
no estaré yo en la Federación, que la Selección Nacional alcanzará
éxitos notables.

¿Cómo le afectó el escándalo en el futbol europeo, las acusaciones sobre venta de partidos que, incluso, obligaron a Joäo Havelange a retirarse del futbol?
Siempre afectan este tipo de situaciones, pero lo importante es enfrentarlas para que no se repitan.

¿Cómo afrontó moralmente los aciagos días en que parecía que la Selección Nacional no clasificaría al Mundial de Brasil, cuando medio país pedía su sustitución y la de sus compañeros de viaje en el timón de la Selección?
(Esta respuesta dibuja de cuerpo entero su reciedumbre moral). Se deben enfrentar las críticas con fortaleza, con inteligencia y honestidad. Por lo demás, entiendo las críticas, las comprendo, porque, con franqueza, debemos admitir que se jugó sumamente mal.

Raúl Gutiérrez

El muy conocido *El Potro* Gutiérrez, inició su carrera, desde juvenil en el Atlante, equipo donde debutó en la primera división tras haber sido campeón de segunda división y lograr el ascenso con Potros Neza en 1989. Defensa lateral y central. Campeón con Atlante de Segunda División en la temporada 1990–91 y de Primera en la temporada 1992–93. Seleccionado Nacional (y subcampeón) en la Copa América 1993, eliminatorias mundialistas y Copa del Mundo Estados Unidos '94. Tras brillantes años en el América, se retiró con el León, para después iniciar una meteórica y exitosa carrera como director técnico. Campeón del Mundo Sub 17 en el 2011 y Subcampeón de la misma categoría en el 2013. Posteriormente fue designado Director Técnico de la Selección con miras a los Juegos Olímpicos de Río de Janeiro 2016.

Perseverancia y respeto, esenciales: *El Potro* Gutiérrez

¿El futbol es un transmisor de valores?
Sin duda, entre más valores comunes tenga un equipo o un grupo de trabajo, si se decide aceptarlos y defenderlos, más probabilidades de éxito tendrá.

¿Qué valores te ha dado el futbol?
Quizás el más importante sea el de la perseverancia, sin olvidar el del compromiso y el de la dedicación. Estos dos últimos tienen mucho que ver con la perseverancia y, desde luego, también con el liderazgo.

¿Los valores que has adquirido en el futbol se los has transmitido a tu familia?
Sí, seguro. Creo que son un complemento. Cuando cuentas con valores familiares importantes, éstos, después, se refuerzan con los que adquiriste en el futbol, que no son menos importantes. Pero se acrecientan con los consejos que tus papás te daban. Al final terminas siendo honesto, respetuoso, ordenado, tolerante y disciplinado.

¿Qué valores adquiridos en el futbol te han servido para tu desarrollo social?
Cuando te conviertes en una persona pública los valores más importantes son el compromiso y la tolerancia. Estos dos valores son fundamentales para la convivencia, sobre todo en un "trabajo" donde tienes muchas relaciones con compañeros, entrenadores y jefes.

¿Qué valores le transmites al público que te observa en la tribuna?
El de la perseverancia, el del trabajo en equipo, el de la confianza en lo que se hace y que si se hace bien, funciona.

¿Cuáles valores prevalecen cuando se gana o cuando se pierde?
Se parte del respeto porque el equipo contrario también se esfuerza por ganar. Con seguridad también realiza un trabajo muy

parecido al que uno hace para conseguir un objetivo. A veces lo consiguen, pero en otras ocasiones no. Cuando el equipo contrario gana debe tenerse la honestidad de aceptar que el rival fue mejor y decirlo. Y cuando nuestro equipo vence, tener el respeto para no sobrevaluar esa victoria.

Moisés Muñoz Rodríguez

Amistosamente llamado *El Moy* o *El gordo*… debutó en primera división con Morelia en 1999, donde jugó 228 partidos, y con el cual conquistó en el año 2000, el único campeonato de liga que hasta la fecha ha obtenido el equipo michoacano.

En 2010 pasó a engrosar las filas del Atlante y al año siguiente las del América, al cual fue convocado a petición expresa del director técnico Miguel Herrera, con quien conquistó el campeonato en la Clausura 2013, con una memorable actuación, al anotar de cabeza el gol del empate a 10 segundos del final, forzar los tiempos extras y, en la serie de penales, impedir dos de los disparos de Cruz Azul.

Como portero goza de la confianza del *Piojo* Herrera, quién lo llamó para ser el arquero de la Selección Nacional en el repechaje ante Nueva Zelanda y candidato firme al Mundial 2014. Antes, Ricardo Lavolpe lo tuvo en sus convocatorias de manera constante, pero no fue uno de sus elegidos para la lista final en la Copa del Mundo Alemania 2006.

En junio del 2012, mientras conducía en su automóvil por la carretera México–Morelia tuvo un accidente, junto a su familia, que revela la fuerza de su carácter. Aunque sufrió una lesión cerebral y fractura de una muñeca, le dijo a Miguel Herrera, su director técnico en el América: *"Estoy muy bien, afortunadamente descartaron cualquier fractura en el cerebro, estoy subiendo al helicóptero para ir al hospital, dame chance de recuperarme"*. Su recuperación tardó varios meses, pero regresó para alcanzar el mejor nivel de su carrera.

Compromiso y tolerancia, núcleo del juego: *El Moy*

¿Piensas que el futbol es transmisor de valores?
Sí, desde luego. Y estoy de acuerdo contigo Félix de que en la vida
se juega como se vive.

¿Qué valores te ha dado el futbol?
Sobre todo el de la disciplina, si no la hubiera tenido no hubiera
logrado nada, ya que de chamaco era un poco vago. También el de
la tolerancia porque a veces no es fácil convivir con los compañeros por un largo periodo y, otros que practico por principio, son el
del respeto y el de la honestidad.

*¿Algunos de los valores que has adquirido en el futbol te han servido
para desarrollarte socialmente?*
Siempre he sido respetuoso con los demás y conmigo mismo. La
responsabilidad no nada más me ha servido en el futbol, sino también en mi vida diaria y la tolerancia no nada más la he practicado
con mis compañeros, sino también con la gente que me rodea
fuera de la cancha. Y la honestidad la llevo a todas partes, nunca
me olvido de ella.

*¿Los valores que has adquirido en el futbol se los has transmitido a tu
familia?*
Sí, sobre todo a mi hijo, ya que mi hija es aún muy pequeña. Sin
embargo, a los dos trato de inculcarles el respeto a los demás.

¿Cuáles valores prevalecen en ti cuando ganas o pierdes un partido?
La humildad y el respeto cuando gano y cuando pierdo respeto y
admiro el triunfo del equipo rival.

*¿Qué valores le has transmitido al público que te ha observado en tu
carrera como futbolista?*
La responsabilidad y el compromiso, son valores parecidos pero
no idénticos. La responsabilidad de prepararme para brindar un
buen juego y el compromiso con mis compañeros de dar lo mejor
de mí para que ellos también den de sí lo mejor.

Capítulo 7

A manera de conclusión

La capacidad del ser humano para asumir el curso que pretende darle a su existencia a través de acciones libremente asumidas es la clave que lo determina como un ser libre. Y, en consecuencia, con ética y valores morales.

Una educación en valores debe mostrar horizontes, presentar alternativas y entregar herramientas que le permitan al ser humano desarrollar su potencial y enfrentar su vida con una nueva mentalidad, con una actitud constructiva que le permita ser más, pero que también posibilite que otros lo sean.[1]

Con base en los once principios éticos que a través de este texto he postulado como imprescindibles para que una persona se comporte con integridad y, con la experiencia derivada de los años dentro del deporte, en distintas facetas, estoy convencido de que el futbol puede ser una inmejorable escuela para el aprendizaje del bien, de la verdad, la belleza y la virtud. En este sentido, este fascinante deporte espectáculo puede convertirse en foro idóneo para educar a las personas, en general, y a los jugadores en particular, en los principios de la ética.

[1] Díaz Barriga Frida, "Cómo desarrollar valores y actitudes. Unidad de Promoción y Aseguramiento de la Calidad Educativa", P. 17 (cita tomada de de Adriana García del Barrio).

El futbol es más que un deporte y bastante más que un espectáculo: es, o puede ser, una academia en la cual se forje el carácter de los educandos –futbolistas en activo o jugadores juveniles–, con la intención de que comprendan el enorme beneficio que tendría para su vida, y la de los demás, comportarse con respeto, lealtad, solidaridad, responsabilidad, compromiso y las otras virtudes que ya he puntualizado.

En el aprendizaje que rebasaría la extensión de la cancha para transmitir los principios de convivencia fraterna, base imprescindible para la prosperidad de una nación, se suele olvidar que la búsqueda del bien común debe tener como principio el reconocimiento de la igualdad de los otros. Es decir, considerarlos como compañeros en el camino de la vida, no como adversarios, y menos aún, como enemigos. (En la cancha, los adversarios deben serlo tan sólo en el transcurso del partido. En cuanto éste termina son compañeros de juego, unidos en el goce supremo del contacto con el balón).

Pero para educar bajo la máxima del bien común, es imprescindible reconocer que entre valores y educación hay una indisoluble relación porque la educación conlleva el reconocimiento de que su finalidad es inculcar valores. (Ignorar esta premisa supondría que también podría "educarse" con la intención de infundir las consignas de la maldad para crear sociópatas o monstruosos profesionales de la perversidad. Precisamente, el hecho de que exista este tipo de individuos indica que han carecido de una educación formativa en valores, además de los consabidos fenómenos psicológicos, familiares y socioeconómicos que los generan).

En este libro he pretendido demostrar que en el futbol los valores positivos imperan sobre los antivalores o, si se quiere, sobre los valores negativos (en realidad, un contrasentido). Y que a pesar del adverso entorno social, las virtudes, en lo que corresponde a los jugadores, predominan sobre la corrupción o los hábitos negativos. Y que la conducta del futbolista no obedece a la reflexión en torno de un código ético, sino a la solidaridad derivada de la pertenencia a un equipo.

Sin embargo, no basta tal sentido de pertenencia. Debemos empeñarnos en buscar que, mediante la práctica cotidiana de comportamientos y valores, los futbolistas amateurs o profesionales, consoliden su calidad como personas con la intención de prepararlos para enfrentar, con éxito, las diferentes actividades que la vida les pone frente a ellos en el presente y en el futuro. De ser así, los amateurs, si finalmente dedican su vida a otras tareas, podrán enfrentar, con la entereza derivada del respeto a sí mismo y a los demás, cualquier clase de actividades y serán capaces de relacionarse cordialmente con familiares y amigos, con los compañeros de labor y con todos aquellos con los que la existencia, tantas veces azarosa, decida reunirlos.

Por su parte, los deportistas profesionales, no sólo los futbolistas, al llegar a la hora del retiro, serán, asimismo, capaces de asumir con alegría y esperanza los nuevos retos de la vida sin amarguras ni dobleces. La ética y el comportamiento decoroso les permitirán cruzar, con dignidad, el difícil puente de la jubilación deportiva para dedicarse a nuevas tareas y a comunicarse, de forma respetuosa y adecuada, con sus semejantes.

En uno y otro caso estarán preparados para alcanzar la felicidad. Ese primordial objetivo de los seres humanos, ya que no hay manera de negarlo, de lo que trata esta vida (o debería tratarse) es de vivir bien haciendo el bien.

Para hacer realidad tales propósitos, sostengo que la educación en valores debe inculcar en los jóvenes, en primer término, un elevado aprecio por ciertos valores o cualidades, de manera tal que los convierta en formas de conducta y los seduzca para que se comporten con estricto apego a esos preceptos.

El desarrollo de valores adquiere en la juventud una importancia extraordinaria, ya que es en este momento que existen mayores posibilidades para la consolidación de valores que funcionen con perspectiva mediata, posición activa, reflexión personalizada, flexibilidad y perseverancia en la regulación de la actuación.[2]

---

[2] García del Barrio, Adriana, Ensayo por CENEVAL para obtener el título de licenciada en pedagogía. Facultad de Pedagogía, Universidad Panamericana, México D. F. 2004.

Al respecto, tomo como referencia las observaciones hechas por la pedagoga y atlantista Adriana García del Barrio para señalar que, de forma contraria a la tesis enunciada en el párrafo anterior, no existe un método de instrucción más inadecuado que aquel que pretende inculcar (en este caso podría decirse "amaestrar") valores y pautas positivas de conducta de manera autoritaria y vertical, en una sola dirección, de arriba hacia abajo, donde el "maestro" es siempre el poseedor de la verdad absoluta y el alumno–jugador, el sujeto pasivo de la enseñanza, sometido a una lista de normas sobre el "deber ser", normas que, peor aún, en ocasiones los propios instructores desmienten con su conducta.

Como advierte la educadora Frida Barriga Díaz:

> El desarrollo de valores y actitudes morales en el joven implica la conformación de criterios para pensar y actuar de manera autónoma, justa, racional y cooperativa en situaciones de conflicto de valores.[3]

He sostenido, en páginas anteriores, que el futbol (y, por ende los futbolistas) como todas las actividades humanas se enmarca en el duro juego de la competitividad económica y social, que los jugadores no son, como nadie lo es, ajenos a la ideología imperante que postula el triunfo como máxima superior de la existencia, sin importar la manera en que se consigue.

Sin embargo, estoy convencido de que la educación cimentada en valores es capaz de cambiar el destino de los hombres para convencerlos de la conveniencia de conducirse con apego a los mejores atributos morales porque, pese a todo, los intereses económicos, y de toda índole, no han conseguido derrotar la esencia del juego, que no significa otra cosa que diversión y entretenimiento y, por consiguiente, libertad. Porque sin ésta, es imposible acceder a la verdadera felicidad.

---

[3] Díaz Barriga, Frida

En efecto, si se inculca el respeto como norma fundamental de convivencia (en la cancha y fuera de ella), el jugador aprenderá a valorar a sus compañeros y a sus eventuales adversarios. Asimismo, sabrá acatar la autoridad de directores técnicos y directivos pues éstos, a su vez, respetarán su dignidad, condición esencial para el desarrollo de relaciones humanas cordiales y fructíferas, que dan pie a la solidaridad. En otras palabras, al desarrollo del trabajo en equipo, y no sólo en el deporte, sino en todas las relaciones interpersonales.

El respeto crea un ambiente de seguridad y cordialidad. Permite la aceptación de las limitaciones ajenas y el reconocimiento de las virtudes ajenas. Evita las ofensas y las ironías. E impide que la violencia se convierta en el medio para imponer criterios. El respeto reconoce la autonomía de cada ser humano y acepta el derecho a ser diferente.[4]

Rescato, en ese sentido, la antes citada frase de Eduardo Galeano: "El futbol es una metáfora de la vida y de la guerra", para señalar que, de manera contraria a lo que con frecuencia sucede en la vida diaria, a los jóvenes se les puede enseñar que estas batallas, la de la vida y la del juego, pueden ganarse con dignidad y decoro. Con el convencimiento de que la mejor recompensa es obtener el respeto de uno mismo y el de los demás porque el juego, aparte de ser una diversión, un entretenimiento, una pasión y una profesión, conlleva una enseñanza que tiene como base el respeto y la colaboración en la búsqueda de una meta común.

Como advierte Enrique Borja en el capítulo anterior:

Se aprenden la disciplina, el respeto, el esfuerzo, a levantarse tras cada tropiezo y a continuar. E entender que nadie te regala nada; que tienes que comportarte bajo un marco legal. Que se puede triunfar sin necesidad de hacer trampa, siempre con compromiso.

---

[4] García del Barrio, Adriana.

Borja abunda en la necesidad de tener conciencia de la necesidad de trabajar en equipo, del orgullo de pertenencia para superar retos y tener liderazgo. Es necesario –dice quién fuera jugador excepcional e ídolo en la cancha, y que es un hombre ejemplar fuera de ella– "aceptar y transmitir esa responsabilidad para ser un líder, pero positivo, para transmitir, para impulsar y sobresalir en los momentos difíciles y en las dudas. Modificar conductas en bien del equipo. (…) El futbol te ayuda mucho en esa tarea".

Las declaraciones de Borja sirven como ejemplo de lo que debe ser el respeto en el deporte y en la vida, y se contraponen de manera absoluta a la prepotencia en la que, a veces, incurren algunos jugadores cuando suponen que por ser ídolos deportivos son superiores a la mayoría de las personas, incluidos, en primer lugar, sus admiradores. A estas figuras se les debe enseñar, mediante el convencimiento, que sin respeto terminarán por ser esclavos de la amargura porque cuando les llegue la hora de retirarse del juego, es muy probable, que estarán condenados a vivir, quizá no en soledad, pero sí con cierto desprecio y, sobre todo, sin el afecto que sólo se consigue a través de la solidaridad y la ayuda mutua.

Pero el comportamiento de los deportistas famosos rebasa el ámbito de su vida personal porque influencian, en ocasiones de manera decisiva, la conducta de los niños, adolescentes e, incluso, de ciertos adultos. Por tanto, es conveniente emplear su popularidad para transmitir mensajes positivos y educarlos en valores por el bien de sí mismos y de la comunidad porque el respeto involucra una suma de valores: justicia, igualdad, lealtad, compañerismo…

La enseñanza del respeto va de la mano a la de convencer acerca de la conveniencia moral y sobre actuar con responsabilidad, cualidad que lleva implícita la reflexión acerca de la consecuencia de los actos.

La responsabilidad, asimismo, implica el examen sobre los actos buenos y malos para no incurrir en los últimos y ser capaces de crecer en el ámbito profesional y personal. También es un arma ética para cosechar resultados óptimos y garantizar la estabilidad emocional y económica en el presente y en la vida futura.

Aprendamos, pues, a educar en valores porque una sociedad formada por individuos con valores éticos es condición para construir una sociedad vital, justa, solidaria y prometedora. En tiempos difíciles, como los que nos toca vivir, es inmoral transitar con displicencia por la vida. Por lo tanto, nos corresponde contribuir a cambiar esta sociedad.

La educación en valores será clave para el establecimiento de una sociedad más justa o, por lo menos, para contribuir a la felicidad (al menos a la búsqueda de la felicidad) de los seres con quienes nos ha tocado cruzarnos por la vida.

En el lenguaje del futbol, la definitiva pasión de mi vida, diría que urge implantar una estrategia de juego que no humille al adversario para que la nobleza del juego limpio rebase las malas artes de los tramposos porque, aunque el futbol sea una batalla, cabría recordar que las hay nobles o perversas, como lo comprueba la historia y tantas batallas de índole personal. Por lo tanto, bienvenidas sean las batallas y las competencias nobles, donde se impone el talento, la preparación y la capacidad siempre limpios.

Apéndice I

Protocolo contra el racismo*

Comportamientos racistas en estadios de futbol
Normas para Oficiales

1. Incidentes y comportamientos racistas. Primera fase: Parar el partido
Si un árbitro se percata de alguna conducta racista (o es informado de la misma por un Comisario del juego) y/o comportamientos discriminatorios como lo son los cantos raciales, los insultos, los gritos, los letreros, las banderas, etc., y si en su opinión, los comportamientos son sumamente graves e intensos, él/ella aplicará la Regla 5 de las Reglas del Juego y parará el partido. Mediante un anuncio por el sonido local se les solicitará a los aficionados que cese el comportamiento inmediatamente.
El partido se reiniciará después del anuncio.

2. Incidentes racistas graves. Segunda fase: Suspender el partido (5–10 minutos)
Si la conducta racista y/o los comportamientos discriminatorios continúan después de reiniciar el partido, (por ejemplo, si la primera fase no dio resultado), el árbitro podrá suspender el juego por un periodo razonable (5–10 minutos) y dirigir a los equipos

---

* DOCUMENTO EXTRAÍDO DE LA FIFA.

de regreso a sus vestuarios. El Comisario de juego, a través de un cuarto Oficial, ayudará al árbitro a determinar si la conducta racista cesó como resultado de las medidas seguidas en la primera fase.

Durante este periodo el árbitro podrá solicitar de nuevo que se haga un anuncio por el sonido local para que paren inmediatamente la conducta racista y donde se le advertirá al público que tal comportamiento resultará en la suspensión del partido.

Mientras el partido queda suspendido, él árbitro consultará con el Comisario de partido, los Oficiales de seguridad en el estadio y las autoridades de la policía sobre los posibles siguientes pasos y la posibilidad de suspender para el desalojo del Estadio.

3. Incidentes racistas graves. Tercera fase: Suspensión para el desalojo del estadio

Si la conducta racista y/o los comportamientos discriminatorios continúan después de reiniciar el partido (por ejemplo, si la segunda fase no dio resultado), el árbitro decidirá como último recurso suspender el partido para el desalojo del estadio. El Comisario de partido, a través de un cuarto Oficial, ayudará al árbitro a decidir si la conducta racista cesó como resultado de las medidas seguidas en la segunda fase.

La decisión del árbitro para la suspensión para el desalojo del estadio se realizará después de haber revisado y evaluado debidamente, por medio de una consulta, plena y extensa, con el Comisario de partido, que todas las fases y medidas fueran aplicadas acorde al protocolo y una evaluación del impacto que la suspensión del partido tendría sobre los jugadores y el público.

Con base al Protocolo contra el Racismo durante partidos del futbol mexicano, la Comisión Disciplinaria y la Liga MX/ASCENSO MX, determinan:

Cuando los incidentes racistas graves se encuentren en la tercera etapa: **Suspensión para el desalojo del estadio** y un partido ya iniciado sea suspendido por las razones antes expuestas, se deberá desalojar el estadio en su totalidad y una vez desalojado deberá completarse el juego. Éste se efectuará en las mismas condiciones en que se encontraban los Clubes en el momento de la suspensión (minutos jugados, goles, expulsiones, cambios, alineaciones, amonestaciones, etc.)

Cuando el partido no pueda reanudarse, los Clubes jugarán el tiempo restante del partido, donde y cuando determine la Presidencia Ejecutiva de la LIGA MX, atendiendo a la opinión de la Dirección General de laLIGA MX. En dicho supuesto, ambos Clubes podrán cambiar a sus jugadores, respetando siempre el mismo número que tenían al momento de la suspensión, de acuerdo con el artículo correspondiente del Reglamento General de Competencia de la FMF.

Los gastos del Club visitante (treinta personas como máximo), así como los gastos del Cuerpo Arbitral y del o de los Comisarios con motivo de la suspensión del juego, deberán ser cubiertos por el Club local.

Apéndice II

Código de ética*

Índice

Preámbulo
Glosario
I. Generalidades
II. Principios básicos
A. De todas las personas
B. De los Clubes y sus integrantes
C. De los jugadores y su cuerpo técnico
D. De los Oficiales de Partido
III. Sanciones
IV. Jurisdicción y competencia
V. Aprobación y entrada en vigor
VI. Declaración del juego limpio y ética deportiva

Preámbulo

El futbol es un deporte pleno de valores morales que no sólo se respetan en el terreno de juego, sino también fuera de él. Los principios y normas que lo rigen van más allá de las Reglas del Juego y los ordenamientos disciplinarios.

---

*INFORMACIÓN EXTRAÍDA DE LA FEDERACIÓN MEXICANA DE FUTBOL (FMF).

La actuación de toda persona involucrada en el futbol no sólo está sujeta a cumplir los lineamientos y directrices que regulan al deporte, sino también a desempeñarse con ética, respeto, honestidad e integridad, tanto en su vida profesional como personal.

Los sujetos del Código de Ética deben reconocer la diferencia de criterios y de intereses respetando recíprocamente las diversas opiniones que pueden existir entre sí, buscando, en todo momento, llegar a un acuerdo para el bien común y del futbol mexicano.

El futbol es un deporte que se juega en equipo, pero no nada más en la cancha. Todas las personas que dedican su trabajo al futbol, deben estar conscientes de la importancia de su labor y de la responsabilidad que ésta conlleva, pues cada puesto es esencial para el buen desarrollo del futbol mexicano y significa un paso más para alcanzar nuestros objetivos.

Mostrar un respeto hacia quienes laboran dentro del ámbito del futbol federado, es una herramienta indispensable para promover su superación y mejora continua.

La imagen que cada integrante debe mostrar ante la sociedad, en especial hacia los niños y jóvenes, debe ser cabal y congruente con los principios de honestidad, acato y deportividad que nos rigen. Con todo acto realizado se debe transmitir respeto y admiración por nuestros compañeros y adversarios.

El futbol es un deporte de ganar, pero esa ilusión sólo se vuelve realidad a base de esfuerzo, disciplina y coraje, valores que brillan únicamente cuando impera la honestidad en todos nuestros actos. Sin adversario digno no hay competencia y sin competencia no hay ganador.

Los Clubes y sus directivas, jugadores, Oficiales de Partido, integrantes de la Federación Mexicana de Futbol, A. C., y demás involucrados, conocen y se comprometen a respetar el presente Código de Ética y a promover el *fair play* y el juego limpio en todas sus actividades y atribuciones, dentro y fuera de la cancha y sobre el terreno de juego o sobre la mesa.

Todos jugarán a perseguir el fin común que los une, en un ambiente caracterizado por la armonía y el trabajo conjunto, en aras de mantener, en lo más alto, la calidad de nuestro deporte y contribuir al fortalecimiento de nuestras Instituciones, bajo la premisa de que en la familia del futbol no se admitirán ni aprobarán, bajo ninguna circunstancia, actos que demeriten el esfuerzo y el trabajo de cada día.

Glosario
– Actuación protagónica. Se refiere al afán de mostrarse como la persona más importante, calificada y necesaria en determinada actividad, independientemente de que se posean o no las facultades o los méritos que lo justifiquen.

– Advertencia. Apercibimiento por escrito de que se ha cometido, se está cometiendo o se cometerá una falta leve en relación con las normas que se rigen a la FMF y en particular el presente Código, y que genera registro de antecedentes.

– Amonestación. Sanción por infringir las normas que rigen a la FMF y en particular el presente Código y que genera registro de antecedentes.

– Conducta agresiva. Se toma como la acción o hecho intencional, llevado a cabo con el propósito de causar un daño o atacar por medio de:

a) Derribar, embestir, zarandear violentamente del cuello, del cabello o de otra parte del cuerpo;
b) Golpe utilizando mano, pie, rodilla, codo y/o cabeza;
c) Pisar a un adversario sin estar en disputa el balón.

– Conducta violenta. Un jugador será culpable de conducta violenta si emplea fuerza excesiva o brutalidad contra un rival sin que el balón esté en disputa entre los dos.

Será, asimismo, culpable de conducta violenta si emplea fuerza excesiva o brutalidad contra un compañero, un espectador, los Oficiales de Partido o cualquier otra persona.

La conducta violenta puede ocurrir dentro o fuera del terreno de juego, estando o no el balón en juego.

– Confederaciones. Agrupación de asociaciones reconocidas por la FIFA que pertenecen al mismo continente o entidad geográfica comparable.

– Datos sensibles. Aquellos datos que afecten la esfera más íntima de su titular o cuya utilización indebida pueda dar origen a discriminación o conlleve un riesgo grave para éste, como el origen racial o étnico, estado de salud presente y futuro, información genética, creencias religiosas, filosóficas y morales, afiliación sindical, opiniones políticas y preferencia sexual.

– Dignidad de las personas. La cualidad o el estado de ser valorado, honorado o estimado.

– Discriminación. Dar trato de inferioridad y/o desprecio a una persona o grupo de personas, por motivos raciales, religiosos, políticos, etc.

– Exclusión. Supresión del sujeto de la calidad de afiliado, oficial o tercero involucrado a la FMF, que impide de forma indefinida el ejercicio de actividades relacionadas con el futbol federado, al margen de la jurisdicción de la FMF.

– FIFA. Federación Internacional de Futbol Asociación.

– FMF Federación Mexicana de Futbol Asociación, A. C.

– Ideología. Conjunto de ideas fundamentales que caracteriza el pensamiento de una persona o colectividad, acerca de un movimiento cultural, religioso, político, etc.

– Reglamento de Seguridad para Partidos Oficiales. Las normas emitidas por la FMF, que detallan los mínimos requeridos para garantizar la seguridad en los estadios en que se celebran los partidos oficiales avalados por la FMF.

– Multa. Sanción económica calculada en días de salario mínimo vigente en el Distrito Federal, que se impone por infringir las normas que rigen a la FMF y en particular el presente Código, y que genera registro de antecedentes.

– Ordenamientos Jurídicos. Entendiéndose por éstos en forma enunciativa, el Estatuto social, Reglamentos, Códigos, Circulares, Directrices, Lineamientos y otros, que sean publicados por la FIFA, las Confederaciones y la FMF.

– Sujetos al Código. Son todas las personas definidas que, derivado de sus funciones o de las actividades que realizan en el marco del futbol federado, están obligadas a observar y acatar las normas contenidas en el presente Código.

– Suspensión temporal. Interrupción forzada en el ejercicio de las actividades de cualquier sujeto al Código, por infringir las normas que rigen a la FMF y en particular el presente Código, y que genera registro de antecedentes.

– Sustancias o métodos prohibidos. Todos los contenidos en la Lista Oficial de Sustancias y Métodos Prohibidos publicados por la Agencia Mundial Antidopaje y la FIFA.

– Tendencioso. Que presenta o manifiesta algo parcialmente, obediencia a ciertas inclinaciones, ideas, intenciones o deseo de resultado.

– Tercero involucrado. Todos aquellos individuos que, teniendo una actividad o giro distinto al del futbol federado, están o son involucrados en los menesteres de la FMF, de sus afiliados y de los sujetos al Código. De manera enunciativa, más no limitativa, un tercero involucrado puede ser un patrocinador, una agencia de viajes, o un organizador de eventos.

I. Generalidades

Artículo 1. El Código de Ética tiene como objetivo publicar y difundir los principios bajo los cuales deberá actuar toda persona involucrada con la FMF y con el futbol mexicano.

Artículo 2. De acuerdo con las definiciones que el Estatuto Social de la FMF les otorga, son sujetos de este Código:

–Los Clubes y sus directivas
–Los jugadores
–Los integrantes del Cuerpo Técnico
–Los Oficiales de Partido

–Los Oficiales, entendiéndose como tal a toda persona, registrada o no, que ejerza una función en el seno de un Club, sea cual fuere su título, la naturaleza de su función (administrativa, deportiva u otra) y el periodo de duración de ésta, como por ejemplo: directores, operadores, buscadores de talento, empleados en general, etc., excluyendo de esta definición a los jugadores e integrantes del Cuerpo Técnico.
–Los agentes de jugadores
–Los agentes organizadores de partidos

Artículo 3. Toda persona que ostente un cargo o realice una actividad directa o indirectamente relacionada con la FMF y el futbol federado, se adhiere a los principios y obligaciones contenidas en el presente Código de Ética, por lo que no podrá alegar desconocimiento o inexistencia de interés jurídico en su defensa, adoptando desde su ingreso o inicio de actividad, una conducta digna, auténtica e íntegra que evite infringir los principios contenidos en este Código.

Artículo 4. El Código de Ética entrará en vigor a partir de su publicación y será aplicable a todos los hechos que se susciten a partir de dicha fecha.

En caso de que las normas contenidas en el presente Código, beneficien a los autores de hechos sucedidos con anterioridad a la fecha de entrada en vigor, será susceptible de aplicarse lo conveniente para resolver el caso en concreto.

II. Principios básicos

A. De todas las personas

Artículo 5. Toda persona sujeta a este Código de Ética se obliga a cumplir los ordenamientos jurídicos que regulan el futbol federado.

Artículo 6. Todo aquel involucrado, directa o indirectamente con la FMF y/o sus integrantes, deberá respetar la dignidad de las personas y abstenerse de llevar a cabo cualquier acto discriminatorio por razones de género, raza, origen étnico, nacionalidad, opinión pública, clase social, posición económica, religión, lengua o idioma, preferencia sexual o discapacidad.

Artículo 7. Independientemente de la ideología de las personas y del respeto que se les debe otorgar, todo el que esté sujeto a la aplicación de este Código de Ética deberá mantener una posición neutral ante asuntos de carácter religioso y político.

Artículo 8. El respeto a la integridad moral de los otros es uno de los principios más importantes dentro del futbol federado, por lo que no se deberá realizar ningún tipo de aclaración que tienda a desacreditar, desprestigiar, causar perjuicio o daño, o ir en detrimento de un tercero.

En esta misma tesitura, cualquier sujeto de este Código de Ética deberá abstenerse de emitir juicios públicos sobre el desempeño del Cuerpo Arbitral, de los Comisarios, de la FMF, sus órganos de gobierno y sus integrantes, así como de terceros involucrados, que tengan como intención o efecto, desacreditar, denostar, desprestigiar y/o causar perjuicio o daño.

Artículo 9. Toda persona sujeta al presente Código de Ética, está obligada a anteponer a sus intereses personales el correcto desarrollo y desempeño de sus funciones, por lo que deberá abstenerse de realizar cualquier actividad que pueda acarrear un conflicto de intereses entre la FMF, sus afiliados y terceros.

Un conflicto de intereses puede surgir si los sujetos a este Código tienen, o dan la impresión de tener, intereses privados o personales que perjudiquen el cumplimiento de sus obligaciones de manera independiente, íntegra y resuelta. Se entiende por intereses privados o personales toda posible ventaja que redunde en beneficio propio, de parientes, amigos o conocidos.

Artículo 10. Toda persona sujeta a este Código de Ética deberá abstenerse de actuar, participar o, en cualquier forma, incitar a realizar conductas que tiendan a desacreditar, desprestigiar, causar perjuicio o daño, o ir en detrimento de la FIFA, Confederaciones, FMF, los Clubes, así como sus órganos de gobierno y sus integrantes y/o terceros involucrados.

Artículo 11. La imagen y reputación de la FMF, de sus afiliados y de sus integrantes, es responsabilidad de todos los que integran el futbol federado, por lo que es una obligación individual el dirigirse y desempeñarse en todas sus actividades, ya sea particulares o profesionales, con la debida probidad y respeto, así como evitar incurrir en conductas que vayan en detrimento del deporte, sus organismos, el *fair play* y el juego limpio.

Artículo 12. Los integrantes de la FMF, afiliados y terceros involucrados, están obligados a dirigirse con respeto hacia los medios de comunicación, proporcionando siempre información clara y veraz en apego a las normas vigentes.

Artículo 13. Los sujetos a este Código deberán observar un comportamiento responsable al publicar o difundir noticias o cualquier contenido en medios de comunicación y redes sociales.

Artículo 14. El soborno, ya sea en forma directa o a través de un tercero, es una de las actividades más vergonzosas en las que se puede incurrir, por lo que toda persona sujeta a este Código de Ética deberá abstenerse de realizar cualquier acto tendiente a arreglar el resultado de un partido, o a dirigir el desempeño de un Club incentivando la derrota a favor de otro para obtener un beneficio, ya sea propio o de un tercero.

Artículo 15. Toda persona sujeta a este Código de Ética, deberá abstenerse de otorgar, brindar o poner a disposición de los Árbitros, Comisarios, integrantes de la FMF y de sus afiliados, cualquier tipo de obsequio.

Así mismo, se debe observar el cabal cumplimiento de los protocolos autorizados para los Clubes huéspedes y locales, sin ir más allá de los mismos y de lo que ha sido previamente aprobados.

Artículo 16. Los integrantes de la FMF, afiliados y terceros involucrados, están obligados a guardar la debida confidencialidad respecto de los datos e información conocida y/o entregada entre ellos, incluyendo, de forma enunciativa más no limitativa, informes, reportes, actas de Asamblea, actas de Comités, minutas, datos sensibles, información objeto de derechos de autor, patentes, técnicas, modelos, invenciones, *know–how*, procesos, algoritmos, programas, ejecutables, investigaciones, detalles de diseño, información financiera, inversionistas, empleados, relaciones de negocios y contractuales, pronósticos de negocios, planes de mercadeo y cualquier información revelada sobre terceras personas.

Cualquier información intercambiada, facilitada o creada entre las partes en el desarrollo de su actividad, será mantenida en estricta confidencialidad, salvo que la propietaria autorice su divulgación. La parte receptora correspondiente sólo podrá revelar información confidencial a quienes la necesiten y estén autorizados previamente por la titular de cuya información confidencial se trata.

Artículo 17. Bajo pena de incurrir en una conducta indebida por omisión, los integrantes de la FMF, afiliados y terceros involucrados, están obligados a denunciar ante las autoridades correspondientes, los hechos o conductas que, teniendo la certeza de que acontecieron o, la sospecha fundada de que van a suceder, violen los lineamientos y normas que rigen el futbol federado y el presente Código de Ética.

Artículo 18. Todos los sujetos deberán observar los principios éticos de la sustentabilidad universalmente aceptados y promover prácticas de preservación y mejoramiento del medio ambiente, principalmente alrededor de su campo de acción.

B. De los Clubes y sus integrantes

Artículo 19. Los Clubes, jugadores, integrantes del Cuerpo Técnico y Oficiales, deberán dar cabal cumplimiento a las obligaciones contempladas en los respectivos contratos que celebren, sin buscar por conveniencia económica, ya sea propia o de un tercero, incumplir u obstruir el cumplimiento de las obligaciones contraídas.

Artículo 20. Los Clubes, ya sea por medio de su directiva o de un tercero, se abstendrán de entrar en negociaciones con un jugador que tenga contrato vigente con otro Club, y aún menos en condiciones distintas a las reglamentadas y autorizadas por la FIFA, con excepción de que estén previamente autorizados por la otra parte.

Artículo 21. Los Clubes que tengan interés en un determinado jugador, integrante del Cuerpo Técnico o directivo, deberán abstenerse de publicarlo o declararlo a los medios de comunicación.

Artículo 22. Los Clubes, ya sea por medio de su directiva, un buscador de talento o de un tercero, se deberán dirigir con honestidad y veracidad ante los jugadores jóvenes y sus familiares cuando exista un interés sobre ellos.

Los Clubes, ya sea por medio de su directiva, un buscador de talento, o de un tercero, se abstendrán de entrar en negociaciones con un jugador joven o con sus familiares, cuando un Club lo tenga registrado dentro de su organización.

Artículo 23. Por un principio de conciliación, los Clubes tratarán de resolver sus diferencias y/o disputas en apego a la buena fe y la honestidad que los caracteriza, evitando elevar sus controversias ante los órganos jurisdiccionales y competentes.

Artículo 24. Los Clubes se obligan a cumplir con todos los lineamientos y garantías de seguridad en sus instalaciones, adoptando para ello las mejores tecnologías y metodologías disponibles y a su alcance. Además, se comprometen a ofrecer las mejores instalaciones posibles para el óptimo desarrollo del espectáculo deportivo, tanto en el terreno de juego, vestidores, servicio médico, palcos y áreas para las directivas visitantes, como en las tribunas, baños públicos, áreas y servicios de alimentos y bebidas, accesos y estacionamientos.

Artículo 25. Los jugadores son los actores principales y los responsables de generar el espectáculo deportivo en el futbol federado, por lo que se debe evitar toda actuación protagónica por parte de integrantes del Cuerpo Técnico, Directivos, Oficiales de Partido y demás Oficiales, limitándose todas las personas involucradas a desempeñar las actividades o las tareas que les fueron encomendadas, de acuerdo con el cargo que ostentan.

C. De los jugadores y Cuerpo Técnico

Artículo 26. Los jugadores, integrantes del Cuerpo Técnico y directiva, deberán dar cabal cumplimiento a las normas *fair play,* y dirigirse en todo momento en apego al principio de buena fe y ética deportiva, sin girar u obedecer instrucciones sobre la forma de jugar, que sean contrarias al juego limpio y al principio de deportividad, o de los Reglamentos de Competencia aplicables.

Artículo 27. Los jugadores e integrantes del Cuerpo Técnico no actuarán en forma tendenciosa para engañar al Cuerpo Arbitral en beneficio propio o de su Club.

Artículo 28. Los jugadores e integrantes del Cuerpo Técnico, así como todos los sujetos de este Código de Ética, no cometerán, ni tolerarán ningún tipo de conducta agresiva o violenta en contra de los adversarios, los Oficiales de Partido o los espectadores.

Los integrantes del Cuerpo Técnico se esforzarán para que los jugadores a su cargo obedezcan y respeten las decisiones de las autoridades, principalmente del Cuerpo Arbitral y de los Comisarios, promoviendo así el más alto estándar de conducta en el terreno de juego y respeto a las decisiones de la Autoridad.

Artículo 29. Los jugadores que participen en cualquier actividad organizada y regulada por la FMF, deberán desempeñarse con profesionalismo y deportividad, sin poner en riesgo la integridad física de los otros jugadores, evitando jugadas que puedan lesionar deliberadamente a un compañero o a un adversario.

Artículo 30. Los jugadores que participen en cualquier actividad organizada y regulada por la FMF son responsables de cuidar y respetar, evitando incurrir en prácticas dopantes a través del consumo de sustancias o prácticas de métodos prohibidos.

D. De los Oficiales de Partido

Artículo 31. Los Árbitros y los Comisarios son la máxima autoridad dentro y fuera del terreno de juego respectivamente, durante el desarrollo de un partido, entendiéndose como tal el antes, durante y después del mismo a partir del inicio de la cuenta regresiva y hasta el envío del último informe, por lo que su investidura deberá ser respetada en todo momento sin olvidar que se trata de personas que desarrollan una labor de apreciación humana, desempeñada de buena fe y que, en ocasiones, es susceptible de incomodar involuntariamente a terceros.

Artículo 32. Los Oficiales de Partido deberán abstenerse de aceptar cualquier tipo de obsequio, regalo o atención proporcionada que vaya más allá de los protocolos autorizados en sus lineamientos, teniendo la obligación de denunciar dicho comportamiento ante la Comisión Disciplinaria para que ésta lleve a cabo lo procedente.

III. Sanciones

Artículo 33. Sin perjuicio de cualquier otra responsabilidad a que pudiera dar lugar, el incumplimiento a cualquier norma del presente Código de Ética motivará la aplicación de las sanciones establecidas en el Estatuto Social, el Reglamento de Sanciones y los Reglamentos de Competencia correspondientes.

Cuando el presente Código de Ética, El Estatuto Social o sus Reglamentos establezcan con precisión las sanciones aplicables en infracciones concretas, la Comisión Disciplinaria las impondrá cuidando de establecer debidamente la graduación de la sanción.

Si la infracción no está definida, el Presidente de la FMF o, en el caso, de la LIGA MX y ASCENSO MX, el Presidente Ejecutivo, decidirán las sanciones que estimen adecuadas en el grado que amerite la falta, tomando en cuenta los antecedentes del infractor, las circunstancias en que hayan ocurrido los hechos y demás elementos que concurran en el caso.

Una vez decidida la sanción aplicable, el Presidente de la FMF o, en el caso, de la LIGA MX y ASCENSO MX, el Presidente Ejecutivo, enviarán los antecedentes y la recomendación a la Comisión Disciplinaria, para que por su conducto se sancione al infractor.

Artículo 34. Las sanciones que se pueden imponer por el incumplimiento al presente Código de Ética son:

–Advertencia
–Amonestación
–Suspensión temporal
–Exclusión
–Multa
–Servicio comunitario

IV. Jurisdicción y competencia

Artículo 35. El presente Código de Ética, es aplicable a todos los actos que infrinjan las normas de la FMF, con independencia de las sanciones que en otros cuerpos jurídicos, ya sean de la propia FMF o diversos organismos, le sean aplicables al caso concreto.

Artículo 36. La FMF supervisará el cumplimiento del presente Código a través del Presidente de la FMF o, en el caso de la LIGA MX Y ASCENSO MX, a través de su Presidente Ejecutivo siendo éstos los facultados para conocer de toda violación a las normas contenidas en el mismo y, en su caso, recomendar a la Comisión Disciplinaria la sanción aplicable a los infractores.

Artículo 37. Una vez conocida la infracción al presente Código de Ética, el Presidente de la FMF o, en su caso de la LIGA MX Y ASCENSO MX, el Presidente Ejecutivo, iniciará las gestiones correspondientes para confirmar los hechos y conceder al infractor derecho de audiencia en apego al principio de seguridad y certeza jurídica.

Artículo 38. Toda sanción impuesta por la Comisión Disciplinaria al amparo del presente Código, deberá estar debidamente fundada y motivada en hechos de los que se tenga la certeza de que sucedieron, guardando las pruebas correspondientes al efecto.

Artículo 39. Toda sanción impuesta por la Comisión Disciplinaria, al amparo de este Código, será susceptible de recurrirse en apelación ante la Comisión de Apelaciones de la FMF, salvo en los casos en que se realice una amonestación o advertencia, o se imponga una multa.

El importe que se obtenga por concepto de multas impuestas a quienes infrinjan el Código de Ética serán destinadas a obras sociales.

Artículo 40. El procedimiento para interponer un recurso de apelación en contra de una resolución de la Comisión Disciplinaria, será el que se encuentra determinado en el Reglamento de la Comisión de Apelaciones de la FMF.

Aprobación y entrada en vigor

El Comité Ejecutivo de la FMF aprobó el presente Código de Ética en fecha 12 de junio de 2013, entrando en vigor en esa misma fecha.

Declaración de Juego Limpio y Ética Deportiva

La FMF, los Clubes que la integran, los jugadores y todas y cada una de las personas que nos encontramos involucrados con ella de una u otra forma, nos unimos en el compromiso mutuo de dirigirnos y desempeñarnos en las asignaciones que nos corresponden con base en los principios éticos y deportivos que sustentan al futbol mexicano.

En cada acto realizado vigilaremos que imperen nuestros valores, entre los cuales la honestidad, el respeto y el compromiso serán pilar para nuestro desarrollo continuo.

Sabemos que las personas pueden ser grandes, pero no permitimos que nuestra ambición influya en el cumplimiento de nuestras obligaciones.

Obedecemos al pie de la letra las normas que nos rigen, aún y cuando se contrapongan a nuestros intereses. Y jamás tratamos de evadir nuestras responsabilidades ni los compromisos adquiridos.

Lo damos todo en el terreno de juego, ganamos merecidamente y aceptamos perder con dignidad. No atribuimos nuestra derrota a las Autoridades de un partido, respetamos su labor y sabemos que cuentan con la capacidad y experiencia para desempeñarla.

La competencia es lo que nos hace ocupar el lugar en el que estamos, y sabemos que sin adversario no existiría ganador, por lo que respetamos a nuestro contrario y elogiamos su esfuerzo, el cual nos invita a esforzarnos para ser mejores.

Confiamos en nuestras habilidades y no intentamos engañar ni hacer caer en el error a los otros.

No provocamos reacciones adversas que puedan desencadenar conflictos y respetamos a todas y cada una de las personas que trabajan en la Institución del futbol.

Somos responsables de crear el ambiente idóneo para transmitir los valores que nos rigen y contagiar el espíritu deportivo. Por lo tanto, respetamos a la afición y le ofrecemos el mejor espectáculo cada día.

Promovemos el futbol entre niños y jóvenes, y aprovechamos todas las oportunidades a nuestro alcance para influir en su personalidad, fomentando la educación, la cultura y el respeto propio a la integridad física como moral.

No criticamos a quienes nos critican ni nos dejamos vencer por los detractores; por el contrario, incentivamos nuestro coraje para demostrar con hechos nuestra calidad deportiva y humana, y ponemos en alto los principios éticos y deportivos que nos conforman.

Somos conscientes de nuestra capacidad y nos esforzamos por ser mejores cada día, pero jamás incurrimos en trampas ni en prácticas de dopaje. Cuidamos y respetamos nuestro cuerpo como a nuestro espíritu deportivo. Rechazamos toda oferta tendenciosa y no permitimos que otros experimenten con nosotros.

No toleramos corrupción ni violencia en nuestro deporte y nos dirigimos hacia todos con respeto. Las diferencias físicas no son una barrera entre nosotros, no denostamos a nadie por su aspecto u origen. Sabemos que formamos una familia y nos respetamos unos a otros como tal.

Aceptamos que al integrarnos al futbol, realizando cualquier actividad relacionada con el mismo, nos sometemos a las normas éticas y deportivas que de él emanen y que se consagran en el Código de Ética, y en este acto firmamos nuestro compromiso para hacer crecer el futbol mexicano.

Datos de contacto:

twitter: @felixatlante12